KB076983

한 번이라도
모든 걸 걸어본 적 있는가

# 한 번이라도
# 모든 걸 걸어본 적 있는가

**사람들은 최선을 다했다고 자신을 속인다**

전성민 지음

센시오

# 내 인생을 바꾼 질문

서른두 살. 가진 것도 없고, 이룬 것도 없다.

나를 죽도록 사랑하는 사람도 없고, 내가 죽도록 사랑하는 사람도 없다.

우울한 자유일까, 자유로운 우울일까.

나, 다시 시작할 수 있을까, 무엇이든?

30대에 군대를 제대한 직후 나의 심정은 정이현의 소설 《달콤한 나의 도시》 속 은수의 독백과 비슷했다. 20대 때 나는 고시공부를 5년 넘게 했지만 합격 커트라인 근처에도 가보지 못했다. 그러고는 한동안 컴퓨터 게임에 빠져 폐인에 가까운 생활을 하기도 했다. 말 그대로 가진 것도 없고, 이룬 것도 없고, 거의 자포자기에 가까운 상태였다.

그러던 내가 31세에 고시공부를 시작한다고 하니, 주변에서는 아무도 내 결정을 지지해주지 않았다. 무엇보다 고시공부는 몇 년을 공부한다고 해도 합격을 장담할 수 없는 시험이었기에 친구는 물론이고 가족들도 모두 만류했다.

"야, 너 합격하지도 못할 고시에 매달려 다시 또 인생 망치고 싶어?"

모두가 만류했지만, 이전과 달리 그때 내 가슴속 한편에는 무언가 꿈틀대고 있었다.

'내 인생에 단 한 번이라도 모든 걸 걸어본 적 있었던가.'

기적은 내 안에 있고, 내가 거듭나면 놀라운 인생역전이 벌어질 거라는 확신이 있었다. 인생의 간절함 앞에서 비겁하게 도망치거나 제대로 한 번 해보지도 않고 포기하진 말자고 다짐했다. 그렇게 생각하자 그동안 한 번도 내 인생에서 마음을 다해 전심전력으로 노력한 적이 없다는 사실이 부끄러워졌다. 이대로 포기하면 내 일생의 한으로 남을 것 같았다.

다른 사람의 목소리는 무시하고 내 안의 목소리에 귀 기울이며 목표를 다시 정했다. 그러자 내 안에서 '할 수 있다'라는 놀라운 긍정의 힘이 샘솟았다. 군 복무를 마친 그날 나는 1년 안에 고시에 합격하기로 마음먹었고, 주변의 만류에도 불구하고 바로 실행에 옮겼다.

그리고 마음먹은 대로 1년 만에 행정고시 1·2차에 모두 합격했다. 비록 면접에서 떨어지는 아픔을 겪었지만 그래도 좌절하지 않았다. 오히려 '하면 된다'라는 자신감을 얻었다. 이듬해 나는 드디어 행정고시와 입법고시 모두 최종 합격하는 결과를 얻었다.

20대 때 5년 넘게 공부하며 합격 커트라인 근처에도 가보지 못했던 나였다. 그랬던 나도 '할 수 있다'라는 마음으로 새롭게 도전하니 단 2년 만에 행정고시와 입법고시에 모두 합격할 수 있었다.

인생에 이보다 더할 수 없을 정도의 노력을 한 번이라도 해본 적이 있는가? 노력하지도 않고 안 된다고 불평하고만 있지는 않은가?

더 이상 인생에 변명하지 말자. 한 번만 산다는 것은 다르게 말해 한 번만 죽는다는 것이다. 죽기 전까지는 새롭게 결심하고 새로운 삶을 시작할 기회가 있다.

모든 것은 마음먹기에 달려 있다. 불가능은 없다. 간절함, 그리고 '할 수 있다'라는 마음을 가지고 지금 결단해라. 포기하지 않고 노력하면 이루지 못할 일이란 없다.

"언제 한 번 제대로 해보기라도 했나?"

한 번뿐인 인생, 당신의 꿈을 향해 모든 걸 걸어라. 나쁜 일은 절대 일어나지 않을 것이다.

# CONTENTS

## 4장 하루 이틀 할 거 아니다. 일희일비하지 말자

— 1장 —

# 내가 나를 믿지 못하는데
# 남이 나를 인정할 리 없다

# 내 삶의 터닝포인트, 드디어 '플러스 사고'를 만나다

내 삶이 크게 바뀐 터닝포인트 중 하나는 중학교 때 미우라 히로유키의 《플러스 사고》라는 책을 읽은 것이다. 도서관에서 우연히 만난 이 책은 어린 나에게 깊은 감명을 주었다. 예상치 못한 때에, 예상치 못한 책이 인생을 크게 변화시키기도 한다. 순수했던 나는 책의 내용대로 살아보기로 했다. 인생을 항상 플러스 사고로 바라보기 시작한 것이다.

　다소 소극적이고 내성적인 성격은 적극적이고 쾌활한 성격으로 변했다. 초등학교 6년간 학급 반장을 한 번도 하지 못했던 아이가 반장과 각종 모임의 장을 주도적으로 맡게 되었다. 어떤 일이든 자신감을 가지고 임하니 대인관계도 넓고 원만하게 형성되었다.

내가 20대 때 컴퓨터 게임에 중독되어 10년의 세월을 허비하고 31세의 나이에 다시 고시에 도전할 수 있었던 것도 생각해보면 플러스 사고 덕분이었다. 시련이나 고난을 이겨내는 긍정의 힘, '회복탄력성'은 다른 게 아니다. 플러스 사고가 바로 회복탄력성이다.

그럼 대체 '플러스 사고'란 구체적으로 뭘 말하는 걸까? 플러스 사고는 긍정의 힘을 인식하고 긍정적 사고를 습관화하는 것이다. 즉, 모든 것을 좋은 쪽으로, 플러스적으로 사고하는 것이다. 이는 스스로가 운이 좋고 충분한 능력을 갖추고 있음을 확신하며 '할 수 있다', '하면 된다'고 생각하는 것이다. '꿈은 이루어진다'고 믿는 것이다.

때때로 주변을 보면 플러스 사고 대신 '마이너스 사고'를 하는 사람도 적잖이 보인다. 매사를 부정적으로 보며, 만족하기보다는 불평, 불만을 토로하기 바쁜 사람. 나는 이런 사람이 사회에서 성공하거나 인정받는 건 본 적도 없고, 들어본 적도 없다.

하버드대학의 엠바디 교수팀의 연구결과를 보자. 미국에는 수학과 관련해 '여학생은 남학생에 비해 수학을 못하고, 아시아 학생은 다른 인종에 비해 수학을 잘한다'는 편견이 있다. 엠바디 교수는 자기암시가 수학성적에 미치는 효과를 알아보기 위해 아시아계 여학생을 대상으로 실험을 했다.

학생들은 수학시험을 치르기 직전에 세 개의 문항으로 이루어진 간단한 설문조사에 응해야 했다. 세 개가 한 세트인 설문은 두 종류로 나뉜다. 하나는 학생들로 하여금 '아시아계'라는 인종적 정체성을 떠올리게 하는 설문이고, 다른 하나는 스스로 '여자'라는 사실을 떠올리게 하는 설문이었다.

결과는 놀라웠다. 인종과 관련된 설문을 답한 그룹의 성적이 월등히 높았던 것이다. 시험을 보기 직전 약 1분간 단 세 개의 설문에 답했을 뿐인데, 그 효과는 즉각적으로 수학성적에 반영되었다. 머릿속으로 잠시 '아, 나는 아시아계지' 하고 생각하는 순간, 아시안은 수학을 잘한다는 생각이 들고, 이는 실제 풀이에도 영향을 미쳤다.

이 연구결과는 자기암시가 마음에 영향을 미치고, 현실에서도 유의미한 차이를 불러온다는 걸 말해준다. 지난번 수학시험을 망친 학생이 나는 수학을 못 한다고 생각하게 되면, 그 생각은 다음 시험에도 영향을 미치게 된다.

부정적인 생각은 긍정적인 생각으로 바꾸고, 마이너스 사고 대신 플러스 사고를 해야 하는 이유다.

# 지금까지의 모든 현상은
# 내가 끌어당긴 것이다

1687년 뉴턴이 《프린키피아》를 통해 소개한 세 가지 운동 법칙(관성의 법칙, 가속도의 법칙, 작용·반작용의 법칙)과 만유인력의 법칙은 신의 섭리로만 이해하던 세상을 과학적으로 설명하는 이론적 틀이 되었다. 세계와 자연의 모든 현상을 인과법칙으로 설명하는 것이 가능해진 것이다.

하지만 아인슈타인의 상대성 이론은 시간이 절대적이고 고정불변한 것이라는 기계론적 고정관념을 깨뜨렸다. 속도가 빠르거나 중력이 강할수록 시간은 느리게 흐르며 이 세상의 시간은 절대적인 것이 아닌 상대적이라는 것이다.

슈뢰딩거와 하이젠베르크에 의해서 탄생한 양자역학도 고전 물리학을 전복시킨 건 마찬가지다. 하이젠베르크의 불확정성 원리에 따르면 입자의 위치와 운동량은 모두 정확하게 파악할 수 없다.

뉴턴의 고전역학은 눈에 보이는 거시 세계를 잘 설명하지만, 원자 이하의 보이지 않는 미시 세계는 양자역학이 지배한다. 이 두 가지는 서로 다른 차원에서의 현상을 설명하지만, 무언가를 끌어당긴다는 점에서 서로가 묘하게 만나는 지점이 존재한다.

고전역학에서 만유인력의 법칙(Law of universal gravitation)은 질량을 가진 모든 물체에 서로 끌어당기는 힘이 작용한다는 것이다. 사과와 같은 물체가 땅위로 떨어지는 것도, 지구가 태양 주위를 도는 것도 만유인력이 있기 때문이다.

한편 양자역학에서 나타나는 양자 얽힘(Quantum entanglement)이란 두 개의 입자가 강한 상관성을 가지면 아무리 멀리 떨어져 있더라도 서로 얽혀 있어 즉각적인 영향을 주고받는 현상을 말한다. 만유인력의 법칙과 양자 얽힘 현상의 원인이 무엇인지는 모른다. 하지만 이러한 현상이 공통적으로 말하는 것은 우리를 둘러싼 우주가 작동하는 원리 중에도 알 수 없는 이유로 서로가 서로를 끌어당기는 현상이 존재한다는 것이다.

론다 번의《시크릿》에서 소수의 지도자들만 알고 있었다는 놀라운 비밀도 다름 아닌 '끌어당김의 법칙'이다. 우리가 하는 생각에는 '끌어당기는 힘'과 '주파수'가 있으며, 어떤 것을 생각하면 그 생각이 우주로 전송되고, 이는 자석처럼 같은 주파수에 있는 것들을 끌어당긴다는 것이다.

즉, '나는 할 수 있다'는 긍정적인 생각은 다시 낙관적인 마음가짐을 불러와서 '할 수 있다'는 내 생각이 달성되도록 돕는다. 마찬가지로 '할 수 없다'는 부정적인 생각은 다시 비관적인 마음가짐을 불러와서 '할 수 없다'는 내 생각이 달성되도록 돕는다. 우리 선조들의 격언 "말이 씨가 된다"나 영어속담 "하늘은 스스로 돕는 자를 돕는다"도 따지고 보면 끌어당김의 법칙과 같은 이야기를 하고 있다.

우리 우주를 지배하는 만유인력의 법칙은 말 그대로 우주에 존재하는 모든 것에 끌어당기는 힘이 있다고 말한다. 보잘것없는 나도 우주의 일부분으로 우주의 법칙에 지배당한다.

무엇을 끌어당길지는 전적으로 내가 선택하는 것이다.

지금까지의 모든 현상은 당신이 끌어당긴 것이다.
당신의 마음과 생각이 지금을 끌어당겼다.
무엇을 느끼든 간에 그것은 당신의 미래를 결정한다.
당신이 믿든 믿지 않든 끌어당김의 법칙은 당신에게도 적용된다.
지금 이 순간에도.

_론다 번,《시크릿》중

# 생각대로 된다, 긍정적 착각의 힘

우리가 내면에서 성취하는 것이

우리 외면의 현실을 바꾸어놓는다.

**_고대 그리스 역사가 플루타르크_**

경제학이나 사회학에서 '자기실현적 예언(Self-fulfilling prophecy)'
이라는 표현이 있다. 미래의 상황에 대해 특정한 기대를 갖는 것
만으로 그 현상이 실제 일어난다는 것이다. 심리학에서의 피그말
리온 효과나 플라시보 효과와 비슷한 것이다.

부동산 시장에서도 향후 집값이 오를 것이라는 기대가 있으면 지금 당장 필요가 없으면서도 수요가 늘어나는 데 이를 '가수요(Imaginary demand)'라고 한다. 가수요가 발생하면 주어진 공급량에서 수요가 늘어나니 현실의 집값이 상승한다. 이처럼 사람들의 예상이나 기대가 실제로 현실에 영향을 미친다는 사례는 쉽게 찾아볼 수 있다.

의외인 것은 스스로 긍정적인 태도를 견지하는 사람이 많지 않다는 데 있다. 긍정의 힘을 알면서도 실천하지 않는 이유는 두 가지 중 하나다. 제대로 알지 못하거나, 알면서도 실천하는 것이 어렵거나.

《말이 뇌를 바꿀 수 있다》 저자인 마크 월드먼과 앤드류 뉴버그에 따르면 "No"라는 말은 스트레스 호르몬 코르티솔의 분비를 촉진한다. 그 말은 듣는 사람을 경계하게 만들고, 인지 능력을 약화시킨다. 반면에 "Yes"라는 말은 도파민을 분비시킨다. 도파민은 행복감을 만들어내는 호르몬으로 긍정적인 태도를 강화해 준다. 버락 오바마를 대통령으로 만들어준 선거 구호도 "Yes, We Can"이었다.

1967년 미시간주에서 태어난 소년은 태어날 때부터 오른손이 없었다. 조막손이었다. 한쪽 손이 없음에도 불구하고 그는 스포츠를 좋아했다. 모든 스포츠 중에서도 손을 많이 쓰는 야구가, 그 중에서도 특히 투수가 좋았다. 많은 사람들이 '언젠가 포기하겠지'라고 생각했지만, 그는 포기하지 않았다. 오히려 이렇게 다짐했다.

'나는 내 오른손이 아니라 왼손으로 유명해질 것이다.'

그렇지만 그에게는 치명적인 약점이 있었다. 오른손으로 공을 잡지 못하는 것이다. 지독한 훈련이 계속됐다. 왼팔로 공을 던지고 오른쪽 팔목에 올려놨던 글러브를 재빨리 왼팔에 껴 공을 잡는 수비연습을 수없이 반복했다. 이렇게 이른바 '애보트 스위치'라는 자신만의 투구법과 수비법을 완성했다.

프로 스포츠의 세계는 냉정하다. 오로지 실력만 볼 뿐 동정심으로 선수를 기용하지 않는다. 애보트는 고등학교 졸업 후 대학에 입학하여 주축 투수로 활약하기 시작했다. 1988년 서울 올림픽에서는 미국 대표팀으로 참가해 결승전에서 완투승을 거두며 조국에 역사상 최초로 야구 금메달을 안기기도 했다.

이제 남은 것은 메이저리그. 애보트는 세계에서 가장 뛰어난 야구 선수들이 모이는 메이저리그에 데뷔해 10년간 선수생활을 했다. 1993년에는 메이저리그에서 9회 내내 단 한 개의 안타도 허용하지 않는 '노히트 노런(No hit no run)' 경기를 기록하기도 했다.

"저는 야구장을 향할 때마다 제 팔을 보지 않았습니다. 저는 제 꿈을 보았습니다. … 100퍼센트 희망이 없어질 때까지 결코 불가능한 일은 없다고 생각해야 합니다. 장애는 우리의 목표를 성취하기 위해 넘어야 할 하나의 단순한 단계에 지나지 않습니다."

애보트의 말대로 불가능은 없다. 아니, 정확하게는 불가능이 없다고 믿는 사람에게 불가능은 없다.

1968년 심리학자 로젠탈 교수는 초등학교 교장 선생님인 레오노레 야콥슨과 함께 샌프란시스코의 한 초등학교 학생들을 대상으로 실험을 진행했다. 먼저 전교생의 지능지수를 검사한 후, 무작위로 학생 중 20퍼센트를 뽑아 "지능지수가 높은 학생들"이라고 말했다. 8개월이 지나고 다시 실시한 지능검사의 결과는 어땠을까? 놀랍게도 무작위로 20퍼센트에 선발되었던 학생들은 실험 전 IQ와는 상관없이 다른 학생들보다 IQ가 높게 나왔다. 성적이 향상된 것은 물론이다. '지능이 높을 것'이라는 교사와 학생의 기대는 지능지수 검사와 관계없이 현실에서도 성적 향상을 이끌어냈다.

우리나라에서 진행된 실험도 있다. EBS 다큐멘터리 〈인간의 두 얼굴〉에서는 다음과 같이 실험을 설계했다. 제작진은 초등학생 4학년 150명을 대상으로 '긍정적 착각도'를 측정했다. 긍정적 착각도란 '나는 잘될 것이다', '나는 무슨 일이든 잘한다'와 같이 자신에 대한 평가를 높게 잡는 것을 말한다. 그리고 긍정적 착각도가 가장 높은 아이들 다섯 명과 평균인 아이들 다섯 명을 데리고 한 가지 임무를 주었다. 다섯 명의 아이들이 한 팀이 되어 준비된 종이상자를 20분 동안 가장 높게 쌓도록 하는 것이다. 하지만 애초에 이 임무는 실현 불가능한 것이었다. 제작진이 아이들 모르게 계속해서 종이상자를 무너뜨렸기 때문이다. 그런데 놀랍게도 긍정적 착각도가 높은 아이들은 임무 수행 도중 어려운 난관에 부딪혀도 중간에 포기하지 않았다. 상자가 무너져도 "다시 쌓으면 돼"라고 스스로에게 이야기하고 서로를 격려하며 최선을 다해 상자를 쌓았다.

반면에 긍정적 착각도가 평균인 아이들은 실패에 부딪힐 때마다 포기하고 좌절하는 모습을 보였다. 상자 쌓기 결과는 어땠을까? 긍정적 착각도가 높은 아이들은 7층을 쌓은 반면, 평균인 아이들은 2층을 쌓는 데 그쳤다.

더욱 놀라운 것은 실험 후 아이들의 인터뷰였다. "이미 쌓아 놓은 게 다 넘어진 것이 너무 아깝지 않았느냐"는 제작진의 질문에 긍정적 착각도가 높은 아이들은 이렇게 대답했다.

"다시 쌓으면 되잖아요!"

'자신이 잘 해내고 이겨낼 수 있다는 긍정적인 믿음' 이것이 바로 아이들이 보여준 긍정적 착각이었다. 심리학자 셸리 테일러 교수는 긍정적 착각의 힘을 이렇게 말한다.

"긍정적 착각이 동기 부여에 매우 효과적이며 장기적으로 성공의 길로 인도할 수 있습니다."

현실이 어떠한가는 중요한 게 아니다. 당신이 믿고 있는 바가 무엇인지가 중요하다. 하얀 도화지에 손가락 하나가 없는 손이 그려져 있다. 이 그림을 다섯 살 아이들에게 보여주며 "10년 후 이 손가락이 어떻게 될까?"라고 물었다. 아이는 과연 어떤 대답을 했을까.

"손가락이 쑥 자라나요!"

순진하다고 생각할 수 있지만 연구 결과, 놀랍게도 손가락이 자란다고 답한 아이들이 그렇지 않은 아이들보다 IQ가 높았다. 아이들은 세상에 대한 긍정적 착각으로 수없이 넘어져도 다시 일어서길 반복하며 걸음마를 배우고 자전거를 배운다. 긍정적 착각이 살아가며 겪는 실패와 좌절을 이기는 힘이 되는 것이다.

자신의 모습과 미래에 대해 긍정적인 믿음을 가져라. 그것이 현실과 부합하든, 착각에 불과하든 중요한 건 긍정적인 믿음을 갖는 것이다.

# 난독증이었던 그가
# 수능에서 만점 받은 이유

모든 것이 마음먹기에 달려 있다는 것은 동서고금을 막론하고 오랫동안 증명되어 온 진실이다. 성경이나 원효대사의 해골물 이야기, 론다 번의 《시크릿》이나 이지성의 《꿈꾸는 다락방》이 이야기하는 주제는 모두 일맥상통한다.

네 믿은 대로 될지어다. _마태복음 8:13

난독증을 극복하고 인생역전에 성공한 기업인 노태권 씨는 중

졸의 학력으로 막노동꾼으로 일하며 두 아들을 키웠다. 그런데 큰아들은 학교생활 부적응으로 자퇴했고, 작은아들은 건강상의 문제로 학교를 자퇴했다. 어려운 형편 탓에 사교육은커녕 아이들을 돌봐줄 시간도 없었다. 결국 두 아들을 가르치기 위해 직접 공부를 시작하기로 했다. 중학교 졸업 이후 공사장에서만 일해오던 그가 책을 보기란 쉬운 게 아니었다.

"글씨가 녹아내려 제대로 읽거나 쓰기 힘들고 글자나 사물의 순서를 거꾸로 인지하기도 합니다. 난독증이라는 건 2009년에야 알았습니다. 어릴 적에는 그저 '학습 부진아'나 '저능아'로 불렸지요."

그에게는 IMF 때 망한 경험도 있었다. 먹고살기 위해 구두라도 닦으려고 구두통을 만들어 추운 겨울 서울역에 갔다. 그러나 3일 동안 구두를 한 켤레도 못 닦아 밥을 굶었다. 일을 마무리하려는 순간 구두통 위에 구두가 딱 올라왔다. 구두 위로 눈물이 쏟아졌다. 혹시나 얼어붙을까 봐 얼른 닦아냈다. 3일 굶은 정신에, 감사한 마음에 신들린 듯 구두를 닦는데 손님이 말했다. "당신처럼 일을 열심히 하는 사람은 처음 본다"라고. 그는 그때 깨달았다.

"그 말을 듣는 순간 내가 지금까지 잘못 살았다는 걸 알았죠. 그 전에는 노력해본 적이 없었다는 사실을 깨달았어요. 젊을 때 고생은 했지만 노력은 하지 않았던 거예요. 나름대로 열심히 살았다고 생각했는데, 그 정도는 열심히 사는 게 아니었어요."

구두를 닦던 그 마음으로 공부하는데 사람이 변하지 않을 수가 없었다. 가나다를 익히고 책을 읽게 되었다. 주유소, 공사장 등에서 단순 노무직 일을 하며 하루에 5시간에서 10시간까지 EBS 교재를 보며 공부에 매달렸다. 같은 책을 100번도 넘게 읽었고, 자신이 이해한 만큼 두 아들에게도 가르칠 수 있었다. 수능공부를 시작한 지 5년 만에 수능 기출문제를 일곱 번 풀어 일곱 번 모두 전 과목 만점을 받았다. 아이들 수준에 맞추어 교재와 문제지를 만들고 가르친 결과, 큰아들은 서울대 경영학과 4년 장학생으로, 작은아들은 한양대 연극영화과 수석으로 입학했다. 그는 자신의 경험을 토대로 '할 수 있다'고 믿으며 자신감을 가지라고 말한다.

"제일 처음 아내로부터 글자를 배울 때 아내가 써준 글귀가 있습니다. '늦게 피는 꽃은 있어도 피지 않는 꽃은 없다'는 말입니다. 인생은 실패할 때 끝나는 게 아니라 포기할 때 끝납니다. 언젠가 꽃을 피울 것을 믿고 자신감을 가지세요. 자신감은 자기가 어떻게 하느냐에 따라 생깁니다."

할 수 있다고 생각하면 할 수 있고, 할 수 없다고 생각하면 할 수 없다.
- 자동차 왕 헨리 포드

헨리 포드의 말처럼 당신이 할 수 있다고 생각하든, 할 수 없다고 생각하든 당신 생각이 옳다. 미래는 당신의 생각대로 될 테니까.

# 마음은 쉽게
# 겁을 먹기 때문에
# 속일 필요가 있다

긍정심리학의 창시자, 마틴 셀리그만은 "초등학교 2~3학년쯤 일생을 관통하는 비관론적 성향이 굳어진다"라고 말했다. 그렇기 때문에 특히 10세 이전에 긍정적 착각의 힘을 길러주는 것이 무엇보다도 중요하다. 다르게 말하면 나이가 들어서 습관이나 태도를 바꾸는 것이 힘들다는 말이기도 하다.

세 살 버릇 여든까지 간다고, 어릴 때 길러진 습관이나 태도는 바꾸기 힘들다. 하지만 그렇다고 나이가 들어서 습관이나 태도를 바꾸는 것이 불가능한 것도 아니다. 다만 조금 더 노력이 들 뿐이다. 그렇다면 이 긍정적 착각을 어떻게 키울 수 있을까?

EBS 〈인간의 두 얼굴〉 제작진은 일곱 살짜리 아이와 엄마로 짝을 이룬 일곱 쌍에게 1분 동안 재미있는 놀이를 해달라고 부탁했다. 바닥에 공이 가득 놓여있는 방에서 어린이는 눈을 가리고 공을 던지고, 엄마는 정해진 공간에서 바구니로 아이가 던진 공을 받는 게임이었다.

여기서 주목해야 할 부분은 다름 아닌 엄마와 아이들이 나눈 대화다. 왜냐하면 아이가 눈을 가렸기 때문에 엄마는 아이에게 바닥에 있는 공의 위치나 던져야 할 공의 방향에 대해 말을 할 수밖에 없는 상황이기 때문이다.

실험의 결과는 엄마가 '아니', '안 돼'등 부정적인 언어를 사용한 팀이 평균 일곱 개를 넣었다. 반면에 '옳지', '잘한다', '괜찮아'등 긍정적인 언어를 사용한 팀은 평균 열두 개를 넣었다.

이는 엄마의 긍정적인 말이 아이들에게 '할 수 있다'는 긍정적인 마음을 심어준다는 것을 보여준다. 즉 끊임없는 지지와 이해가 긍정적인 마음을 불러오는 데 최고의 방법이라 할 수 있다. "칭찬은 고래도 춤추게 한다"고 하지 않았던가.

실제로 소프트뱅크의 창립자 손정의의 아버지는 어릴 적부터 "너는 천재다"라는 말을 입버릇처럼 아들에게 해주었다고 한다. 재일교포로서 차별에 위축된 아들의 자신감을 키워주기 위해서였는지는 몰라도 손정의는 훗날 아버지로부터 자주 들은 이 말이 자신감을 키워줬다고 말했다.

다른 사람의 칭찬도 중요하지만 나 자신의 언어 습관도 중요하다. 긍정적인 언어가 긍정적인 생각을, 부정적인 언어가 부정적인 생각을 불러오기 때문이다. 나의 언어 습관은 어떠한가? 알게 모르게 부정적인 언어 습관을 가지고 있진 않은가. 이제부터라도 자신의 말 속에서 '아니', '안 돼'를 지워보자. 영화 〈세 얼간이〉 속 주인공 란초의 대사처럼 말이 문제를 해결할 용기를 주기 마련이다.

"마음은 쉽게 겁을 먹기 때문에 때로는 속일 필요가 있어. 큰 문제가 생기면 가슴에 대고 얘기해봐. 네게 해결할 수 있는 용기를 줄 거야. 알 이즈 웰(All is well)!"

# 삶을 바꾸는 자세,
# 좌절을 어떻게 대하는가

마트에 가서 계산을 하기 위해 줄이 가장 빨리 줄어들 것 같은 곳을 선택하면 꼭 내가 계산하려고 선 곳만 좀처럼 줄이 줄어들지 않는다. 확률적으로 세 개의 계산대가 있으면 내가 선 줄이 가장 빨리 줄어들 확률은 3분의 1이고, 나머지 줄이 빨리 줄어들 확률이 3분의 2이니 자연스러운 현상이나, 이처럼 세상일이 나한테 안 좋은 방향으로 일어나는 것을 '머피의 법칙'이라 부른다.

그런데 오늘날 SNS가 머피의 법칙을 더 강화하는 것처럼 보인다. 실제로 미국 미주리 과학기술대 연구팀이 대학생 216명을 상대로 조사한 결과 SNS에 많은 시간을 쓰는 사람일수록 우울증을 앓을 확률이 높은 것으로 나타났다.

'카·페·인 우울증'이라는 말도 나왔다. 카·페·인은 카카오 스토리, 페이스북, 인스타그램의 약자로 SNS를 보면 나만 빼고 다 잘사는 것처럼 느껴진다는 것이다. 하지만 SNS는 자신을 있는 그대로 보여주는 공간이 아니다. '실제의 나'가 아니라 '되고 싶은 나'를 보여주는 곳이다.

찰리 채플린의 말처럼 인생은 멀리서 보면 희극이지만 가까이서 보면 비극인 경우가 많다. 행복하게만 보이는 인스타그램 속 그와 그녀에게도 슬프고 힘든 순간은 분명 존재한다. 희로애락의 순간이 찾아오는 것은 누구에게나 동일하지만, 차이가 생기는 지점은 바로 안 좋은 일이 생겼을 때 대처하는 자세다.

나의 오래된 친구 A는 어려운 일을 많이 겪었다. 경제적으로 시험공부에 필요한 지원을 받지 못했고, 오랫동안 준비한 사법고시도 번번이 떨어져 사법고시가 폐지될 때까지 합격하지 못했다. 반면에 친구 B는 경제적으로 유복한 가정에서 물질적인 지원을 충분히 받았음에도 불구하고 공부에 집중하지 못하며 끝내 사법고시에 합격하지 못했다.

결국 사법고시에 합격하지 못했다는 점에서 두 친구는 같은 결과를 보였다. 하지만 사법고시가 폐지된 이후, 두 친구의 삶의 경로는 극명하게 달라졌다.

친구 A는 법조인으로서의 꿈을 잃지 않고 사법고시 폐지 이후 로스쿨로 진학해 마침내 변호사 시험에 합격했다. 지금은 작은 로펌에 들어가 보람을 느끼며 잘 근무하고 있다.

반면에 친구 B는 그토록 법률가가 되고 싶다고 말했으면서도 정작 사법고시가 폐지되자 로스쿨을 폄하하기 시작했다. 사법고시만이 자신의 꿈을 이루는 유일한 길이라 믿던 그 친구는 사법고시가 폐지된 후 오랜 시간을 방황하다 도피성 이민을 가버렸다.

이미 발생한 과거는 그 누구도 바꿀 수 없다. 하지만 현재와 앞으로 다가올 미래는 누구든지 바꿀 수 있다. 나에게 닥친 일에 대한 불평과 원망 대신 현재에 충실하고 다가올 미래를 준비하는 것이 중요하다.

누구에게나 좌절의 순간은 찾아온다. 각자에게 주어지는 그 고통의 무게를 타인이 가늠할 순 없다. 다만, 스스로를 비관하지 않고 이를 악물고 나아가다 보면 때론 그 시련이 내가 전혀 예상치 못한 삶의 방향으로 나를 이끄는 전환점이 되기도 한다.

무수히 많은 선거에서 낙선했지만 끝내 미국의 대통령이 된 링컨은 이렇게 말했다.

"이 슬픈 세상에서 슬픔은 누구에게나 찾아온다. 슬픔을 완전히 해소할 수 있는 방법은 시간밖에 없다. 사람들은 시간이 지나면 괜찮아질 것이라는 사실은 당장에 깨닫지는 못한다. 그러나 이것은 실수다. 우리는 반드시 다시 행복해진다."

'왜 하필 나에게 이런 고난이!'라고 생각되는 순간이 있다. 나에게는 행정고시 3차 면접에서 떨어진 순간이 그랬다. 모든 걸 걸고 공부한 지 1년 만에 행정고시 1, 2차 시험에 합격했는데 면접에서 떨어질 줄은 몰랐다. 애써 눈물을 감추고 "괜찮다"라고 말씀하시던 부모님의 모습을 잊을 수가 없다. 누구에게나 자신이 감당하기 힘들 만큼 큰 슬픔이 느닷없이 찾아오곤 한다.

그런데 과연 '기쁜 일만 가득하다고 행복할까?' 인간의 감정을 소재로 한 애니메이션 〈인사이드 아웃〉은 슬픔이란 감정도 사람에게 반드시 필요하다고 말한다. 슬픔이 없으면 감사도 없다. 우리는 세상을 알아가며 슬픔이란 감정도 삶의 일부분으로 받아들이게 된다.

2015년 11월 13일, 평범한 가장이었던 앙투안 레리스는 파리 바타클랑 극장에서 벌어진 테러 사건으로 아내를 잃었다. 그는 고통 가운데 아내를 죽음으로 몰고 간 테러범들을 향해 편지를 썼는데, 페이스북에 게재된 이 편지의 내용은 다음과 같다.

지난 금요일 밤, 당신들은 특별한 생명을, 내 일생의 사랑을, 내 아들의 엄마를 앗아갔다. 그러나 나는 당신들에게 분노하지 않겠다. 나는 당신들이 누군지 모른다. 알고 싶지도 않다. 당신들은 죽은 영혼일 뿐이다. 나는 내 분노를 당신들에게 선물하지 않을 것이다. 당신들이 원하는 대로 분노하고 증오하는 것은 당신들과 똑같이 무지에 굴복하는 것일 테니. 내가 두려워하고, 같은 나라의 국민들을 불신의 눈으로 바라보고, 안전을 위해 자유를 희생하기를 바라겠지만, 당신들은 실패했다.

물론 나는 애통함으로 산산조각 났다. 이 작은 승리는 당신들에게 양보하겠다. 하지만 그 승리는 오래가지 않을 것이다. 나의 아내가 매일 우리와 함께할 것이며, 당신들은 결코 갈 수 없을 자유로운 영혼들이 있는 천국에서 다시 만나리라는 것을 알고 있다.

아들과 나, 우리는 두 사람뿐이지만 이 세상의 어떤 군대보다도 강하다. 더 이상 당신들에게 쏟을 시간이 없다. 낮잠에서 깨어난 아들 멜빌에게 가봐야 한다. 우리는 평소처럼 함께 놀 것이다. 그리고 이 어린아이는 평생 동안 행복하고 자유롭게 살아 당신들에게 수치심을 안겨줄 것이다. 왜냐하면 당신들은 이 아이의 분노도 얻을 수 없기 때문이다.

헤아릴 수 없는 고통 속에서 담담하게 쓰인 이 편지는 슬픔을 받아들일 수밖에 없는 무기력한 상황에서도 희망을 찾아가는 것을 보여준다. 고난은 누구에게나 슬픈 것이다. 다만 고난 가운데에서도 희망을 잃지 않는 용기가 필요하다. 지금의 고난이 미래에 어떻게 연결될 지는 아무도 모른다. 눈에 보이지 않는다고 해서 길이 없는 것은 아니다.

우리 인생 여정의 한가운데에서 나는 어두운 숲속을 헤매고 있는 자신을 발견했다. 그곳에는 반듯한 길이 숨겨져 있다.

-단테, 《신곡》 중 '지옥' 편

# 하나의 점에서 선으로, 그림으로 완성되는 삶

지금 내가 겪는 시련을 인내하고 실력을 갈고닦으면 나의 불운이 전화위복의 계기가 되기도 한다. 내가 입법고시에 합격한 것도 이전 해에 행정고시 면접에서 떨어졌기 때문에 가능했다. 원래는 입법고시에 응시조차 하지 않았다. 선발인원이 워낙 적어 합격할 가능성이 없다고 봤기 때문이다.

하지만 행정고시 면접에서 떨어지고 1년의 공부 시간이 추가로 주어지니 한편으로는 마음이 편해졌다. 그래서 준비하던 행정고시 외에 입법고시도 추가로 응시했고, 결국 두 시험 모두 합격하게 되었다. 면접에서 떨어진 그날 밤에는 상상조차 하지 못한 일이다.

스티브 잡스는 스탠퍼드대학교 졸업식 연설에서 행운과 불운이 뒤섞여 있는 삶의 순간순간(Dots)이 어떻게 기묘하게 이어지는지를 '점의 연결(Connecting the dots)'로 설명한 바 있다.

우리는 미래를 내다보며 점을 이을 수는 없습니다.
우리는 오직 과거를 돌이켜 보며 점을 이을 수 있을 뿐입니다.
따라서 여러분들은 지금의 순간들이 미래의 어떤 시점에 서로
연결될 것이라는 믿음을 가져야 합니다.
_스티브 잡스

그는 불우한 가정환경으로 다니던 대학교를 그만두게 된 것이 전공과목 대신 관심 있는 과목의 청강으로 이어졌고, 그때 배운 서체 교육이 10년 후 매킨토시 컴퓨터의 아름다운 서체로 이어졌다고 말한다.

삶의 순간은 어디서 어떻게 연결될지 알 수 없다. 미래를 내다보면서 내가 원하는 대로 점을 연결하지는 못한다. 하지만 뒤돌아보면 고난이 성공의 발판이 되기도 한다. 잡스는 자신이 만든 회사 애플에서 해고당한 사건을 시간이 흘러 이렇게 평가했다.

"애플에서 해고당한 것은 제 인생에서 일어날 수 있었던 여러

일들 중 최고의 사건임을 깨닫게 되었습니다. 그 사건으로 인해 저는 성공이란 중압감에서 벗어나서 초심자의 마음으로 돌아가 자유를 만끽하며, 내 인생 최고의 창의력을 발휘하는 시기로 갈 수 있게 됐습니다. 이후 5년 동안 저는 다시 '넥스트', '픽사' 등의 회사를 세워 사업을 시작했고, 지금 제 아내가 되어준 매혹적인 그녀와 사랑하게 되었습니다."

여기 두 가지 이력서가 있다.

일본 도쿄대 건축학과 교수 역임.
미국 예일대, 콜로비아대,
하버드대 객원교수 역임.
건축계의 노벨상이라 불리는
프리츠커상 수상.

고졸(공업고등학교 기계과 졸업).
권투 선수(23전 13승 3패, 7무).
트럭 운전사.
목공소, 유리공장 근무.

너무나 대비되는 두 가지 이력서. 서로 다른 인생의 경로처럼 보이지만 두 이력서의 주인공은 놀랍게도 동일 인물이다. 바로 건축가 안도 다다오의 이력서다.

1941년 오사카에서 태어난 그는 고등학교 2학년 때, 대학 진학을 포기하고 권투 선수로 데뷔했다. 대전료를 받아 생계에 보탤 생각이었다. 성적은 나쁘지 않았고, 대졸 초임보다 많은 돈을 벌기도 했다. 그런데 어느 날, 당시 일본 권투계의 스타 하라다 선수가 자신이 속한 체육관에서 연습하는 것을 보고 꿈을 접었다. 아무리 노력해도 그의 재능을 따라잡을 수 없다고 판단했기 때문이다. 대학 진학 대신에 트럭 운전사, 건축 인테리어 등으로 생계를 이어갔다. 그의 인생을 바꾼 것은 우연히 헌책방에서 발견한 현대 건축의 거장 르 코르뷔지에의 작품집이었다. 별생각 없이 집어 들었는데 책장을 팔랑팔랑 넘기다 이내 '이거다'하고 직감했다.

이때부터 그의 건축 공부가 본격적으로 시작되었다. 가르쳐주는 선생님도 없이 홀로 공부했다. 헌책방의 르 코르뷔지에 작품집은 중고라도 비싼 가격이었기에 일단 남들 눈에 띄지 않는 자리에 감춰두고 나왔다. 한 달 뒤 책을 손에 넣은 그는 작품집의 모든 도판을 외워버릴 만큼 건축도면을 베껴 그렸다. 남들이 대학을 다닐 나이에 모았던 돈을 몽땅 털어 건축물을 보기 위한 일본 일주여행과 유럽여행도 떠났다.

여행은 책에서 공부한 것을 두 눈으로 직접 확인하는 작업이었다. 해외여행에서 돌아온 그는 건축사무소를 열고 첫 작품을 짓는다. 콘크리트 박스형의 소형 주택이었다. 전통적인 일본 목조가옥의 형식에서 크게 벗어난 이 작품으로 그는 일본건축학회상을 수상했다. 그리고 '노출 콘크리트'의 대명사가 되어 1995년 건축계의 노벨상이라 불리는 프리츠커상을 수상하기에 이른다.

안도 다다오가 자신보다 재능이 뛰어난 선수를 보며 권투를 포기했을 때 자신이 세계적인 건축가가 되리라 예상했을까? 권투를 포기한 점은 공사장에서 인테리어 아르바이트를 하는 점으로 연결되었고, 인테리어 아르바이트는 헌책방에서 무심코 건축에 관한 책을 집어 들게 만드는 또 다른 점으로 연결되었다. 그렇게 고등학생 권투선수는 세계적인 건축가가 되었다.

1990년대 EBS 프로그램 〈그림을 그립시다〉로 국내에 소개된 미국 화가 밥 로스는 아내를 암으로 잃고 진행한 방송 프로그램에서 다음과 같이 말했다.

"어둠을 그리려면 빛을 그려야 하지요. 빛을 그리려면 어둠을 그려야 하고요. 어둠과 빛, 빛과 어둠이 그림 속에서 반복됩니다. 빛 안에서 빛을 그리면 아무것도 없지요. 어둠 속에서 어둠을 그려도 아무것도 안 보입니다. 꼭 인생 같지요. 슬플 때가 있어야 즐거울 때도 있다는 것을 알게 됩니다. 그리고 저는 지금, 좋은 때가 오길 기다리고 있어요."

나쁜 일이 잇따른다고 좌절할 필요 없다. 샐리의 법칙처럼 좋은 일만 생긴다고 자만할 필요도 없다. 행운의 여신 포르투나(Fortuna)가 언제까지 내 편에 설지, 불행의 여신 아테(Atë)가 언제까지 나를 시험에 들게 할지 그것은 알 수 없는 노릇이다.

중요한 건 매 순간순간에 최선을 다하다 보면 그 점이 이어져 선이 되고, 면이 되고, 나중에는 멋진 그림으로 바뀔 것이라는 믿음이다.

# 장갑 끼고, 헬멧 쓰고, 감독 옆에 앉던 남자

"엄마는 항상 이런 말을 했어요. 인생은 초콜릿 상자와 같아. 네가 어떤 것을 얻게 될지 결코 알 수 없거든."

영화 〈포레스트 검프〉 속 주인공의 말처럼 인생은 알 수 없다. 초콜릿 상자를 열어서 먹어보기 전에는 어떤 맛인지 알 수 없는 것처럼 인생도 내가 직접 해보기 전까지는 어떤 결과가 나올지 알 수 없는 법이다. 하지만 인생이 불확실하다고 아무것도 하지 않으면, 정말 아무것도 하지 못하게 된다. 꾸준히 노력하고 준비하는 자만이 찾아오는 기회를 잡을 수 있다.

야구선수 추신수는 외삼촌의 영향으로 어려서부터 야구에 입문했다. 외삼촌은 롯데 자이언츠의 간판스타 박정태였다. 이대호와 부산 수영초등학교 동기로 야구에 두각을 나타내기 시작한 그는 청소년 야구 국가대표팀으로도 인상적인 활약을 펼쳤다.

고등학교를 졸업한 뒤 그는 미국에 진출했다. 시애틀 매리너스에 입단할 때만 해도 그의 야구 인생은 술술 잘 풀리는 듯했다. 마이너리그에서 매년 3할이 넘는 타격을 보이고, 도루도 20~30개씩 했다. 홈런도 두 자릿수를 넘기고 장타도 많이 기록했다.

하지만 팀에선 그를 메이저리그로 부르지 않았다. 같은 포지션에 메이저리그 안타왕 스즈키 이치로가 있었기 때문이다. 자신의 자리에서 묵묵히 훈련했다. 그렇게 1년이 지나고, 2년이 흘렀다.

야구 선수는 최저임금 적용 대상이 아니다. 한 달에 1,000달러(약 120만 원) 정도를 겨우 벌었던 그는 식비를 아껴 아들 기저귀를 샀다. 빵에 잼만 발라 먹는 게 식사의 전부였다.

마이너리그에서 계속해서 좋은 성적을 보여도 스즈키 이치로는 건재했다. 신인인 그가 올라갈 틈은 보이지 않았다. 그럼에도 그는 묵묵히 훈련했다. 개인 훈련을 단 하루도 빼놓지 않았다. 웨이트 트레이닝과 배팅훈련은 철학자 임마누엘 칸트처럼 분 단위로 반복되었다. 코치들을 찾아다니며 끝없이 질문하고 남들보다 조금이라도 더 운동을 해야 직성이 풀렸다.

얼마의 시간이 흘렀을까. 팀을 옮기게 되면서 메이저리그로 승격했고 점차 주전 선수로 경기에 나서게 된다. 2018년에는 현역 메이저리거 최다 연속경기 출루기록(52경기)을 세우며 한국인 타자로는 최초로 미국 프로야구 올스타전에 출전하기도 했다.

기회가 오지 않아도 묵묵히 훈련에 매진했던 소년은 2013년에 텍사스 레인저스와 7년간 총 1억 3,000만 달러(약 1,600억 원)에 계약했다. 2020년 추신수의 연봉은 팀 내 최고액인 2,100만 달러(약 259억 원)다. 메이저리그에 승격되던 날을 그는 이렇게 회고한다.

"아내가 그 경기를 TV로 봤다. 2회부턴가 3회부턴가 더그아웃 카메라에 내 모습이 잡혔다더라. 내가 장갑 끼고, 방망이 쥐고, 헬멧도 쓰고 감독 옆에 앉아 있었다. 감독이 누군가 대타로 써야겠다는 생각이 들었을 때 준비된 상태로 눈에 띄도록. 사실 메이저리그에서 5회 이전에는 대타 안 쓰지 않나. 그런데도 계속 그러고 있었다. 아내가 그거 보고 마음이 많이 아팠다고 했다."

추신수는 메이저리그에 승격되던 날 경기에 출전하지 못했다. 하지만 그는 늘 기회를 잡기 위해 노력했고 결국 그 기회를 잡았다. 그는 '기회'에 대해 이렇게 말한다.

"나는 노력한 만큼 보상을 받은 운이 좋은 케이스가 맞다. 하지만 그 운을 잡으려면 준비가 돼 있어야 한다고 생각했다. 그래서 장갑 끼고, 헬멧 쓰고 감독 옆에 앉아 있었다. 기회는 1년 뒤, 어쩌면 10년 뒤에 올 수도 있지만 어쩌면 내일 올 수도 있다. 기회가 눈에 띄게 올 수도 있고, 몰래 올 수도 있다. 중요한 것은 그 기회를 잡으려면 준비가 돼 있어야 하고, 나는 그 준비를 위해 끊임없이 노력했다."

추신수가 눈물 젖은 빵을 먹으며 마이너리그에 머문 기간은 무려 7년이다. 인생사 새옹지마. 누구에게나 좋은 순간과 나쁜 순간이 있다. 그러나 기회는 준비된 자에게만 온다. 목표를 향해 긍정적으로 나아가는 자에게 시련은 전화위복의 계기가 된다.

전쟁에서 패한 어느 장군이 알렉산드로스 왕 앞에서 변명을 늘어놓기 시작했다. 적의 숫자가 예상보다 훨씬 많았고, 지형이 익숙하지 않았으며, 무기와 식량 보급도 충분하지 못했다는 것이다.

장군의 말을 다 듣고 난 왕이 말했다.

"장군은 가장 중요한 이유를 빠뜨린 것 같네."

의아한 표정을 짓는 장군에게 왕이 말을 이었다.

"장군이 그 전쟁을 승리할 수 있다고 믿지 않았던 것 말일세."

# '플러스 사고'를 위한
# 구체적인 액션플랜

Action Plan

1. 위편삼절 수불석권

2. 매일 아침 "나는 된다"라고 고백하라

3. 가슴을 펴라

4. 셈치기 놀이

5. 현실은 냉정하게 직시하라

마음을 먹는 것은 쉬운 일이나, 살아오며 형성된 마음의 패턴, 프레임을 바꾸는 것은 어려운 일이다. 바꾸어 말하면 한번 플러스 사고를 습관화하면 앞으로의 인생을 플러스 사고로 살아가기 쉽다는 말이기도 하다. 결국 어떻게 플러스 사고를 내 것으로 만드는지가 중요하다. 액션플랜(Action Plan)은 목표를 달성하기 위한 실천계획으로 당신의 플러스 사고를 위한 구체적인 방법을 제시한다.

## 1. 위편삼절 수불석권

위편삼절(韋編三絶)은 종이가 없던 옛날에 대나무에 글자를 써서 책으로 만들어 읽었는데 공자가 책을 하도 많이 읽어 엮어 놓은 끈이 세 번이나 끊어졌다는 데에서 비롯된 말이다. 그만큼 한 권의 책을 수도 없이 반복해 읽음을 뜻한다. 수불석권(手不釋卷) 역시 손에서 책을 놓지 않을 만큼 늘 책을 가까이하고 학문을 열심히 한다는 의미의 사자성어다. 책을 읽는 것만큼 플러스 사고에 좋은 방법도 없다. 책에는 다른 사람의 인생과 지혜가 모두 담겨 있기 때문이다. 떨어지는 사과에서 우주의 비밀을 발견한 뉴턴은 이렇게 말했다.

"내가 다른 사람보다 더 멀리 내다볼 수 있다면 그것은 거인의 어깨 위에 서 있기 때문이다."

뉴턴의 발견이 과거 거장들의 연구와 업적에 기반했다는 것이다. 오늘날 우리는 초등 교육만으로도 과거의 가장 뛰어난 천재보다 더 많은 지식을 안다. 책을 통해 우리는 거인의 어깨 위에 서게 된다.

《조선왕조실록》에서는 임금의 자리에 오르기 전인 충녕대군(세종)을 이렇게 묘사했다.

> 경미한 병환이 있을 때에도 오히려 독서를 그치지 않았고…
>
> **_태종실록 18년 6월 3일**

세종의 책 사랑은 임금으로 즉위한 이후에도 마찬가지였다.

> 수라를 들 때에도 반드시 책을 좌우로 펼쳐 놓고, 밤중이 되도록 힘 써….
> **_세종실록 5년 12월 2일**

나에게 맞는 책 한 권을 찾아 읽고 실천해라. 꽂히면 수십 번 반복해서 읽어라. 나에게는《플러스 사고》,《일생의 일》등이 그런 책들 중 하나다. 당장 책에서 손을 놓지 않는 '수불석권'부터 시작해보자! 이보다 더 좋은 플러스 사고방법도 없다. 공자의 언행이 담긴《논어》의 첫 구절은 이렇게 시작한다.

> 배워서 시간 나는 대로 익히니 기쁘지 아니한가(學而時習之 不亦說乎)!

## 2. 매일 아침 "나는 된다"라고 고백하라

많은 연인을 결혼으로 이끈 것은 사랑의 힘이 아니라 고백의 힘이다. 단지 머릿속으로만 생각하는 것은 사람을 움직이질 못한다. 상대방을, 나 자신을 움직이기 위해서는 입으로 외쳐야 한다.

언어학자 조지 레이코프는 저서《코끼리는 생각하지 마》에서 언어에 담긴 프레임의 중요성을 강조한다. 누군가 특정 언어로 프레임을 설정하면 다른 누군가가 그 프레임을 깨기 위해 반박하더라도 오히려 기존 프레임을 강화할 뿐이라는 것이다. "코끼리는 생각하지 마"라는 말을 내뱉는 순간, 사람들은 역설적으로 코끼리를 생각하게 되는 것이다.

언어는 프레임을 형성한다. 벽돌 하나하나를 쌓아 집을 만들 듯이, 평상시 내가 사용하는 언어가 하나하나 모여 나의 사고를 형성한다. 하루하루가 모여 1년이 되고, 인생이 된다. 당장 오늘 아침부터 '나는 된다', '나는 할 수 있다'고 외치자.

작가 루이스 헤이가 말한 '미러 워크(Mirror work)'를 활용하면 더욱 좋다. 방법은 간단하다. 거울 속 내 눈을 바라보고 심호흡을 한 뒤 이렇게 되뇌는 것이다.

'된다, 된다, 나는 된다'

'나는 될 것이다'가 아니라 '나는 된다'다. 미래에 될 수도 있고, 안 될 수도 있는 게 아니라 '무조건 나는 된다'라고 외치자. 하루에 스무 번도 넘게 외쳐보라. '된다, 된다, 나는 된다'고 끊임없이 되뇌다 보면 어느새 자신감으로 가득 찬 자신을 발견할 수 있을 것이다.

## 3. 가슴을 펴라

때로는 말보다 비언어적 행동이 중요하다. 심리학자 메라비언이 《침묵의 메시지》에서 소개한 '메라비언의 법칙'처럼 우리는 상대방의 표정이나 목소리, 자세를 보고 그 사람의 성격이나 능력을 판단하곤 한다.

놀라운 사실은 '자세'가 나에 대한 다른 사람의 이미지뿐만 아니라 나 자신의 기분마저도 바꾼다는 데 있다. 하버드 경영대학원에서 사회심리학을 연구하는 에이미 커디 교수는 몸의 동작과 마음의 상관관계를 측정하기 위해 피실험자들을 두 그룹으로 나누었다.

첫 번째 그룹은 두 팔을 하늘로 뻗거나 다리를 최대한 벌리는 '힘 있는 동작'을 취하게 했다. 반대로 두 번째 그룹은 주머니에 손을 넣거나 몸을 웅크리는 '소극적인 동작'을 취하게 했다. 시간이 지난 뒤 호르몬 수치 변화의 결과는 어땠을까?

첫 번째 그룹은 정력적인 기능을 하는 테스토스테론이 평균적으로 20 퍼센트 증가하고, 스트레스 호르몬인 코르티솔은 25퍼센트 감소했다. 반면에 두 번째 그룹은 테스토스테론이 10퍼센트 감소하고, 코르티솔이 15퍼센트 증가했다. 커디 교수는 몸의 중요성을 이렇게 말한다.

"우리 몸은 마음을 바꾸고, 우리 마음은 행동을 바꿉니다. 또한 행동은 결과를 바꿉니다."

미국인이 가장 사랑하는 대통령 링컨은 포기하지 않은 것이 신기할 정도로 무수히 많은 선거에서 낙선했다. 낙선을 하는 날이면 링컨은 말끔하게 이발을 하고, 목욕탕에 가서 몸을 깨끗이 했다고 한다. 그리고 가장 좋은 옷을 입고 제일 좋은 음식점에 가서 가장 맛있는 음식을 먹었다. 그리고 말했다.

"다시 출발하리라."

이것이 그가 선거에서 지고 또 지더라도 다시 일어설 수 있었던 원동력이었다. 기분이 안 좋다고 골방에 틀어박혀 웅크리고 있다면 오히려 더 우울한 기분만 증폭시킬 뿐이다. 의기소침해질 때면 오히려 더 당당하게 가슴을 펴라. 몸과 마음은 결국 하나가 될 테니까.

## 4. 셈 치기 놀이

세계적인 성악가 조수미가 유년 시절 어머니와 함께했던 '셈 치기 놀이'는 플러스 사고의 대표적인 사례다. 크리스마스트리를 살 형편이 안 되어 트리 구경만 해야 했던 그 시절 조수미의 어머니는 "우리에게 트리가 있다고 셈 치자"며 어린 딸을 달래주었다.

"어머니가 '우리 크리스마스트리가 있다고 셈 치자'라고 말하면 반짝 반짝 빛나는 트리가 우리 앞에 나타났어요. 그런 걸 옛날부터 해서 뭐가 부족해도 '있는 셈 치면 되지 뭐' 하면 있는 것 같은 생각이 드는 거예요. 데뷔 공연이 있던 날도 노래를 잘 할 수 있었던 게 어머니가 앞에 계신다고 셈 치니까 되더라고요. 어머니가 계신다고 생각하니 힘이 나고 평소보다 훨씬 잘 한 것 같아요."

당신도 당신만의 셈 치기 놀이를 통해 현실을 부정에서 긍정으로 바꾸어보자. 부족한 부분도 있는 셈 치고 지내면 부족한 현실에 대한 분노와 원망 대신 긍정적이고 밝게 지내는 자신을 발견하게 될 것이다.

유학에 필요한 돈이 없다고 좌절할 게 아니라 외국에 갔다고 셈 치자. 외국이라 셈 치고 영어에만 자신을 노출시켜 공부한다면 오히려 유학을 가서 한인들과 어울린 사람보다 더 뛰어난 성과를 거둘 수 있다. 영어강사 이근철은 한 번도 외국에서 살지 않고 국내에서 공부했지만 스타 강사가 되었다.

모든 걸 다 가질 수 없는 현실에서 몇 가지 좀 없으면 어떤가. 있는 셈 치고 즐겁게 지내면 그만인 것을. 소설 《소공녀》의 주인공 세라가 역경을 이겨낼 수 있었던 것도 그녀만의 셈 치기 놀이 덕분이었다.

## 5. 현실은 냉정하게 직시하라

제임스 스톡데일은 1946년 미국해군사관학교를 졸업하고 해군 조종사가 된 장교였다. 베트남전에 참가한 그는 북베트남에서 비행기를 몰고 임무를 수행하다 대공포에 격추된다. 다행히 목숨은 건졌으나 포로로 붙잡힌다. 악명 높은 포로수용소에서는 각종 고문이 행해졌다. '크리스마스 때까지는 나갈 거야', '부활절까지는 나갈 수 있을 거야', '추수감사절까지는 나가겠지' 이렇게 근거 없는 희망에 기댔던 동료들과 '풀려나긴 글렀어. 여기서 죽을 거야'라고 아예 포기한 동료들은 견디지 못하고 죽었다. 반면에 쉽게 나갈 수 없다는 현실을 직시하고 언제가 됐든 반드시 살아서 돌아가겠다며 의지를 다진 포로들은 기나긴 포로수용소 생활을 이겨냈다.

제임스 스톡데일은 8년간의 수감 생활을 견딘 끝에 1973년 전쟁이 종식되며 생환하였다. 스톡데일은 자신이 포로생활을 견뎌낸 비결을 이렇게 말했다.

"언젠가 이곳 포로수용소를 나갈 수 있을 거라는 믿음을 한 번도 버리지 않았습니다. 그리고 포로수용소 생활이 내 삶의 소중한 경험이 될 것이라는 점도 의심하지 않았습니다. 포로수용소 생활을 이겨내지 못한 사람들은 막연하게 상황을 낙관한 사람들이었습니다. 이건 매우 소중한 교훈입니다. 반드시 극복할 수 있다는 긍정적인 믿음과 견디기 힘든 현실을 직시하는 노력은 별개의 것입니다."

작가 짐 콜린스는 스톡데일의 이야기에서 '스톡데일 패러독스'라는 개념을 제시했다. 앞으로 잘될 것이라는 긍정적인 믿음과 함께 비관적인 현실을 객관적으로 바라보는 차가운 현실 인식을 동시에 가져야 한다는 것이다.

플러스 사고를 하되, 눈앞에 닥친 현실을 냉정하게 직시할 필요가 있다. 막연한 희망은 차가운 현실에 부딪힐 때 더 큰 좌절만 가져다준다. 최악의 상황에 대비하며 미래를 꿈꾸는 자가 현실을 극복해낸다.

— 2장 —

# 결심했다면,
# 모든 걸 끊고 일단 시작하라

# 지금 당장
# 머릿속에서 걸어 나와라

비안코(BIANCO)는 1987년에 설립된 덴마크의 신발 브랜드다. 2019년 비안코는 '승강기(The lift)'라는 타이틀의 짧은 광고를 선보였는데, 같은 건물에서 근무하는 두 남녀가 주인공이다.

승강기에서 종종 마주치던 이들은 금세 호감을 느끼고 사랑에 빠지게 된다. 머릿속으로는 결혼까지 상상한다. 하지만 여자가 회사를 그만두는 날까지 두 사람은 서로 망설이다 끝내 입을 열지 못한다. 그리고 던져지는 마지막 메시지.

"Step out of your head(머릿속에서 걸어 나와라)."

칸 광고제를 비롯해 주요 글로벌 광고제에서 수상한 이 광고가 던지는 메시지는 명확하다. 생각만 하지 말고 머릿속에서 걸어 나와 행동으로 옮기라는 것이다.

알리바바의 창업자 마윈은 머릿속으로만 생각하고 행동하지 않는 이들을 '가난한 사람들'이라 지칭하며 이렇게 말한다.

"세상에서 가장 같이 일하기 힘든 사람들은 가난한 사람들이다. 자유를 주면 함정이라 얘기하고, 작은 비즈니스를 얘기하면 돈을 별로 못 번다고 얘기하고, 큰 비즈니스를 얘기하면 돈이 없다고 하고, 새로운 것을 시도하자고 하면 경험이 없다고 하고, 전통적인 비즈니스를 얘기하면 어렵다고 하고, 새로운 비즈니스모델을 제시하면 다단계라고 하고, 상점을 같이 운영하자고 하면 자유가 없다고 하고, 새로운 사업을 시작하자고 하면 전문가가 없다고 한다.

그들에게는 공통점이 있다. 구글이나 포털에 물어보기를 좋아하고, 희망이 없는 친구들에게 의견 듣는 것을 좋아하고, 자신들은 대학교 교수보다 더 많은 생각을 하지만, 장님보다 더 적은 일을 한다. 그들에게 물어보라. 무엇을 할 수 있는지. 그들은 대답할 수 없다.

내 결론은 이렇다. 당신의 심장이 빨리 뛰는 대신 행동을 더 빨리하고, 그것에 대해서 생각해보는 대신 무언가를 그냥 하라. 가난한 사람은 공통적인 한 가지 행동 때문에 실패한다. 그들의 인생은 기다리다가 끝이 난다.”

당신은 어떠한가. 당신은 가난한 사람인가? 아니면 머릿속에서 걸어 나와 행동에 옮길 용기가 있는 사람인가?

인생의 한 번만이라도 무언가 시도해보라.

그것에 몰입해라.

바꾸려고 노력해라.

나쁜 일은 하나도 일어나지 않을 것이다.

_알리바바 창업자 마윈

# 충분히 고민했다면 그것으로 충분하다

역발산기개세(力拔山氣蓋世), 사면초가(四面楚歌), 파부침주(破釜沈舟), 토사구팽(兔死狗烹), 건곤일척(乾坤一擲). 이 모든 고사성어는 공통적으로 한 가지 역사적 사건에 기인한다. 바로 경극 〈패왕별희〉의 배경이 되는 항우와 유방의 이야기다.

항우와 유방은 패권을 놓고 치열하게 다툰 라이벌이다. 두 사람의 격돌은 약 3년 동안 계속되었다. 초반의 형세는 항우가 압도적으로 유리했다. 그러나 대결이 2년째로 접어들면서 흐름이 바뀌기 시작했고, 3년째에는 완전히 역전되었다. 결국 사면초가에 빠진 항우는 자결하여 생을 마감한다. 절대 열세였던 유방이 역전승을 이끌어낸 비결은 뭘까.

항우는 기원전 232년에 초나라에서 대대로 장수를 배출한 명문가에서 태어났다. 역사가 사마천의 《사기》에 따르면 키가 8척이 넘고 힘은 커다란 쇠솥을 들어 올릴 정도였다고 한다. 가히 힘은 산을 뽑을 만하고 기운은 세상을 덮을 만했다. 24세에 거병한 그는 불과 3년 만에 천하를 호령하는 '패왕'이 되었다.

반면 유방은 농부의 아들로 태어나 건달들과 어울린 시정잡배였다. 사마천은 그가 주색을 좋아해 늘 주점으로 가 외상으로 술을 마시고, 술에 취하면 그곳에 드러눕곤 했다고 기록한다. 장년에 이르러서야 하급관리로 채용되었다. 흙수저 출신 유방은 훗날 자신이 금수저 항우를 이긴 비결을 유능한 부하 덕분이라며 공을 돌렸지만, 더 근본적인 비결은 유방의 결단력이었다. 유방은 마음먹은 것은 바로 실천하는 결단력이 있었다. 반면에 항우는 용맹했지만 우유부단했다.

항우가 40만의 군사를 이끌고 홍문에 주둔할 때 이야기다. 당시 유방의 군사는 항우의 4분의 1에 불과했다. 항우의 참모는 수차례 유방을 습격할 것을 권했지만, 항우는 머뭇거리며 결단을 내리지 못한다.

이때 위기에 처한 현실을 직감한 유방은 항우에게 사과하기 위해 제 발로 찾아왔다. 유방을 죽일 절호의 기회였다. 그럼에도 항우는 유방의 사과에 마음이 누그러지고 만다. 보다 못한 항우의 부하들이 유방을 죽이려 했으나, 항우의 우유부단한 태도로 유방은 간신히 호랑이 굴을 벗어날 수 있었다. 유방의 참모 한신은 항우를 이렇게 평가했다.

"재능은 유방을 능가하지만, 성격이 지나치게 소심하고 자기중심적이므로 큰 인물이 못 된다."

이에 반해 유방은 결단의 순간에 머뭇거리지 않았다. 진시황이 죽고 진나라가 혼란에 빠지자 함께 어울리던 건달을 모아 즉시 군사를 일으켰다. 최측근 공신이었던 한신도 자신에게 위협이라 생각되자 제거하는 데 거리낌이 없었다. 줄곧 항우보다 열세에 있었으나 유방은 과감한 결단력과 우수한 인재의 활용으로 항우를 격파하고 한나라의 초대 황제가 될 수 있었다.

결단해야 할 때 결단하지 못하는 것은 오히려 화를 부른다. 나관중의 《삼국지》에서도 명문가 출신 원소가 환관 가문의 조조에게 패했다. 재물과 군사력은 모두 원소가 압도했지만, 결과는 시의적절한 판단과 결단력을 갖춘 조조의 승리였다.

제우스의 아들인 카이로스는 그리스 신화에 나오는 기회의 신으로 우스꽝스러운 모습을 하고 있다. 앞머리는 무성한데 뒷머리는 대머리다. 어깨와 발뒤꿈치에는 날개가 달려 있고, 양손에는 저울과 칼을 들고 있다. 그리스 사람들은 카이로스의 모습을 이렇게 표현한 이유에 대해 다음과 같이 설명했다.

"앞머리가 무성한 이유는 사람들이 나를 보았을 때, 쉽게 붙잡을 수 있도록 하기 위함이며, 뒷머리가 대머리인 이유는 내가 지나가면 사람들이 다시는 붙잡지 못하도록 하기 위함이며, 발에 날개가 달린 이유는 최대한 빨리 사라지기 위함이다. 양손에 저울과 칼을 들고 있는 이유는 기회라고 생각될 때 그 옳고 그름을 판단해 냉철하게 결단을 내리라는 의미다."

고민거리가 있는가? 충분히 고민했다면 그것으로 충분하다. 결정을 의미하는 영단어 'Decision'은 '잘라내다'는 뜻의 라틴어 'Decidere'에서 유래했다. 기회가 왔을 때 한 손의 저울로 빨리 판단을 하고, 한 손의 칼로 결단을 내려야 한다.

기회는 때를 놓치면 다시 붙잡을 수 없다. 충분히 고민했다면 고민은 그만하고 결단하고 실행에 옮겨라. 결단력은 환경을 뛰어넘게 해주는 힘이다.

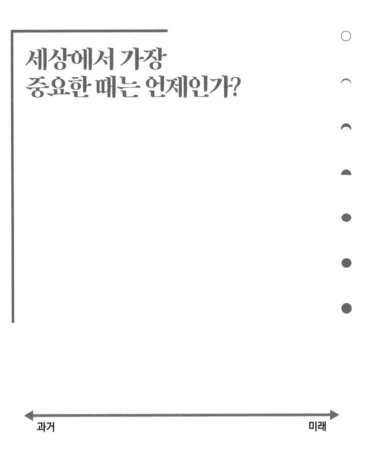

# 세상에서 가장 중요한 때는 언제인가?

← 과거 　　　　　　　　　　　　　　미래 →

여기 시간의 연속성을 보여주는 수평선이 하나 있다. 수평선상에서 당신의 현재를 점 찍는다면 어디에 찍겠는가? 지금 생각한 대로 점을 찍기 바란다. 펜이 없다면 마음속으로 점을 찍어도 좋다.

　결과를 보자. 당신이 균형감각을 갖춘 사람이라면 가운데에 점을 찍을 것이다. 혹 정확성을 추구하는 사람이라면 현재의 나이와 기대수명을 비교하여 점을 찍을지도 모르겠다.

고대 그리스의 철학자 제논은 수수께끼 같은 '제논의 역설'을 제시한 바 있다. 그것은 발이 빠른 아킬레스[1]와 거북이가 경주를 할 때 아킬레스가 자신보다 앞선 지점에서 출발한 거북이를 영원히 따라잡을 수 없다는 것이다.

아킬레스가 아무리 빨리 달리더라도 거북이의 출발선에 도착하는 순간 거북이는 조금 더 앞으로 나아가 있다. 다시 아킬레스가 앞서간 거북이의 위치에 도착해도 그 시간 동안 거북이는 또다시 조금 더 전진해 있을 것이다. 간격은 줄어들지만 이런 상황이 계속 반복될 것이기에 결국 아킬레스는 영원히 거북이를 따라잡지 못한다.

쫓고 쫓기는 상황이 무한히 반복되는 제논의 역설[2]처럼 당신의 현재는 지금도 계속해서 과거로 바뀌는 중이다. 당신이 현재를 시간의 수평선 중 어느 지점에 찍더라도 그 지점은 더 이상 현재가 아니게 된다. 강물처럼 흐르는 시간의 수평선에서 당신이 찍은 현재는 계속해서 과거로 밀려나기 때문이다. 수평선의 가장

---

1 호메로스의 서사시 《일리아드》의 주인공이다. 트로이 전쟁을 승리로 이끌었다. 《일리아드》에서 아킬레스의 달리기와 관련된 묘사를 보면 흐르는 강물보다도 더 빠르다고 했다. 죽음을 둘러싼 이야기는 다양한데 트로이의 왕자 파리스(Paris)에게 발뒤꿈치에 화살을 맞아 죽었다는 것이 가장 유명하다. 발뒤꿈치 바로 위에 있는 굵은 힘줄을 '아킬레스건'이라고 명명한 것도 여기에서 유래되었다.

2 제논의 역설은 오래전에 무한급수가 일정한 값에 수렴할 수 있다는 사실을 모르는 데서 발생한 오류다.

좌측에 점을 찍기 전까지는.

지금이 중요하다. 시간의 수평선에서 의미 있는 것은 지금과 앞으로의 남은 시간이다. 고대 그리스의 철학자 헤라클레이토스의 말처럼 우리는 같은 강물에 두 번 발을 담글 수 없다. 흘러간 강물을 붙잡을 수 없듯이 지나간 세월은 되돌릴 수 없다. 하지만 미래의 당신은 마음먹기에 따라 얼마든지 바뀔 수 있다. 지금의 나는 과거의 내가 만든 것이지만 미래의 나는 지금의 내가 만드는 것이다.

톨스토이의 단편《세 가지 질문》에는 다음의 질문들이 나온다.

"이 세상에서 가장 중요한 때는 언제인가?"
"이 세상에서 가장 중요한 사람은 누구인가?"
"이 세상에서 가장 중요한 일은 무엇인가?"

당신은 위 질문에 무엇이라 답하겠는가. 이스라엘의 현자, 랍비 힐렐은 "지금 하지 않으면 언제 할 날이 있겠는가?"라고 말했다. 변화란 다른 사람이나 다른 때를 기다려서 오는 것이 아니다. 우리가 기다리는 변화의 주인공은 바로 우리 자신이다. 변화는 바로 '내가' 만들어내는 것이고, 바로 '지금' 시작되어야 한다.

# 남과 똑같이 해서는
# 남과 똑같이 실패할 뿐이다

앨리스가 숨을 헐떡이며 붉은 여왕에게 물었다.

"이렇게 힘껏 달리고 있는데, 왜 우리는 이 나무 주변을 벗어나지 못하나요? 내가 살던 나라에서는 이렇게 열심히 달리면 어딘가에 도착했을 텐데요?"

그러자 붉은 여왕이 호통을 쳤다.

"이 느림보 같으니, 여기서는 힘껏 달려야 제자리야. 어딘가 다른 곳에 가고 싶으면 두 배는 더 빨리 달려야 해."

**_작가 루이스 캐럴**

작가 루이스 캐럴이 《이상한 나라의 앨리스》의 후속작으로 쓴 《거울 나라의 앨리스》의 한 대목이다. 상상 속 붉은 여왕의 세계에서는 멈춰 있으면 뒤로 밀려나기에 제자리에 있기 위해서는 끊임없이 달려야 한다.

하지만 우리의 현실도 붉은 여왕의 세계와 비슷하다. 인백기천 (人百己千). 고시 준비를 할 때 내가 늘 읊조리던 말로, "다른 사람이 백 번 노력하면 나는 천 번 노력하겠다"라는 의미다. 이 말은 사서삼경의 하나인 《중용》에서 유래했는데 원문에는 "남이 한 번에 되면 나는 백 번을 해보고, 남이 열 번에 되거든 나는 천 번을 해본다"라고 되어 있다.

이 말을 보여주는 사례가 신라 시대의 유명한 문장가 최치원 선생이다. 그는 12세의 어린 나이에 중국으로 유학을 갔다. 떠나는 배 위에서 그의 아버지는 10년 안에 과거에 급제하지 않으면 부자의 연을 끊겠다고 엄포를 놓았다. 아버지로서 배수의 진을 친 것이다. 그리고 최치원은 18세의 나이로 당나라 빈공과에 장원급제한다. 당초 10년 기약을 4년이나 단축한 것이다. 그가 어린 나이에 홀로 유학을 떠나 빠른 시일 내 성취를 거둔 비결은 무엇일까? 최치원이 고국인 신라에 돌아와 임금에게 올린 글인 〈계원필경〉은 이렇게 전한다.

"다른 사람이 백 번 하면 나는 천 번 하였다(人百之己千之)."

천재라고 칭송받던 최치원도 다른 사람이 백번의 노력을 할 때 천 번의 노력을 했는데, 한두 번 해보고 그만두는 것은 하지 않은 것과 같다. 남과 다른 성취를 이루기 위해서는 남보다 더 노력해야 한다.

# 그래, 딱 1년만 미쳐보자

내가 노르웨이 출장을 갔을 때의 일이다. 현지에서 주노르웨이한 국 대사관으로부터 도움을 받은 일이 있었다. 대사관 직원과 이 야기를 하던 중 자랑스러운 한국인에 대한 이야기가 나왔는데 처음 듣는 이름이라 의아한 인물이 있었다.

'라면왕 이철호'.

빈털터리에서 라면으로 크게 성공했고 노르웨이 교과서에도 실렸다는 그의 이야기는 들으면 들을수록 놀라웠다. 한국으로 돌 아와 절판된 그의 책을 중고로 구해 읽었다. 전쟁고아로 노르웨이로 건너와 역경을 딛고 라면왕이 된 그의 삶은 한 편의 드라마였다.

1937년에 태어난 그는 6·25전쟁 통에도 책을 놓지 않았다. 구두닦이로 배를 채우며 구두통을 메고 다니면서도 항상 그 속에 교과서를 넣고 다녔다. 전쟁이 끝나면 다시 학교에 돌아가야 한다는 생각으로 다른 사람에게 모르는 것은 물어가며 공부를 했다.

소년은 구두닦이로 지내면서도 수완이 좋아 돈을 잘 벌었다. 꾀를 내어 공짜라고 외쳤는데 그것은 한 짝만을 이야기한 것이었다. 다른 쪽 구두도 닦을 테니 그 대가를 지불해주십사 예의 바르게 청하면 대부분의 사람들은 어쩔 수 없다는 듯 승낙했다. 어쩌다 얄팍한 상술이라며 화를 내는 사람을 만나면 웃으며 양쪽 다 공짜로 닦아주면 그만이었다.

그런데 전쟁이 길어지자 소년은 피난길과 반대 방향인 북으로 향했다. 사람들이 몰리는 곳에 따라가면 먹을 게 없으리라는 생각 때문이었다. 말 그대로 겁 없는 10대였다. 그렇게 남들과 달리 북으로 향하던 10대 소년은 미군 부대에서 미군과 함께 지내게 되었다. 미군 병역막사에서도 특유의 적극성과 근면성을 발휘해 시키지 않아도 스스로 일을 찾아 했다. 청소, 빨래, 정리정돈, 심부름 등등 온갖 잡일을 가리지 않고 했다.

그러던 어느 날 북한군의 습격을 받고 수십 개의 파편이 그의 고관절에 박힌다. 일어나려고 했지만 몸이 말을 듣지 않았다. 치명적인 부상을 입은 것이다. 노르웨이군 야전병원에 실려 갔으나, 한국에서는 도저히 치료가 불가능했다. 17세 소년의 상황이 안타까워 하늘도 도왔는지 극적으로 노르웨이에 전쟁 부상을 치료하기 위한 난민으로 가게 된다.

다행히 다리는 치료를 받았으나 전쟁고아의 노르웨이 생활도 쉽지는 않았다. 가진 기술이라고는 한국의 전쟁통에서 구두를 닦아본 일밖에 없으니 처음에는 구두닦이가 되고 싶었다. 하지만 노르웨이에서는 구두닦이조차 면허증이 있어야 했다.

새롭게 진로를 정해야 했다. 아무리 생각해도 자신에게 맞는 일은 서비스직이었고, 그는 요리사가 되기로 결심했다. 직업학교의 조리사 과정을 마치고 호텔의 견습생으로 들어갔다. 허드렛일부터 시작해야 했다. 하지만 허드렛일에도 정성을 다했다. 남이 그릇을 20개쯤 닦으면 그는 그 두 배 이상인 50개를 닦으려고 부지런을 떨었다. 함께 일하던 스페인 견습생이 그저 감자를 깎아 찬물에 담아두기만 했다면, 그는 다 깎은 감자를 한 번 더 손질했다.

단순히 열심히만 한 건 아니다. 감자 하나를 깎더라도 더 효율적으로 깎을 순 없을까 고민했다. 그때부터 매일매일 다음 날의 메뉴를 먼저 체크해, 그날 나가는 음식에 맞게 감자를 잘라서 요리사들이 요리하기에 가장 편한 상태로 준비했다.

메뉴에 폼 샤토(Pommes château, 길쭉한 타원형으로 썰어 볶아낸 감자요리)라고 적혀 있으면, 감자를 커다란 올리브처럼 깎아냈다. 메뉴판에 폼 파리시엔(Pommes parisiennes, 감자를 공처럼 둥글게 깎아 올리브오일과 버터에 볶은 요리)이라는 말이 보이면, 감자를 작은 구슬처럼 동그랗게 깎았다.

그렇게 6개월이 지나자 시골의 촌뜨기 취급만 하던 주방장이 보조요리사 자리에 그를 적극 추천했다. 다른 이는 몇 년째 감자만 깎고 있는데 6개월 만에 요리사로 입성하게 된 것이다. 무슨 일에도 열과 성을 다했던 그는 차츰차츰 사람들로부터 인정받기 시작했고, 세월이 지나 그가 출시한 미스터 리 라면(Mr. Lee noodles)은 노르웨이의 라면 시장을 95퍼센트 장악했다.

물론 그저 주어진 대로 삶을 받아들이고 자족한다면 그 나름의 삶의 방식도 의미가 있다. 하지만 현재의 삶보다 더 나은 삶을 바란다면 지금의 삶에 안주하면 안 된다.

몰입전문가 황농문 교수는 미분을 모르는 중학생들에게 2박 3일 동안 미분 문제를 풀라고 주문한 적이 있다. 모르는 문제도 집요하게 집중하며 풀도록 요구한 것이다. 몰입 상태에서 문제를 풀라고 요구받은 학생들은 놀랍게도 빠르게는 2시간 반 만에, 늦어도 3일 안에 모두 문제를 풀 수 있었다. 이것이 자기 일에 미치는 몰입의 힘이다.

아프리카 초원을 거닐다가 사자와 마주쳤다고 하자. 이때는 이 위기를 어떻게 빠져나갈까 하는 것 이외에는 아무 생각이 없을 것이다. 이 상태가 바로 몰입이다. 몰입 상태에서는 한 가지 목표를 위하여 자기가 할 수 있는 최대 능력을 발휘하는 비상사태가 발동한다. 자신을 초긴장 상태로 만들어 모든 것을 잊고 오로지 한 가지 일에 집중하기 때문에 잠재된 능력을 최대로 발휘하는 것이다.

**-황농문,《몰입》중**


심리학자 칙센트미하이는 주변 환경이 의식되지 않을 정도로 몰입되는 순간을 '플로우(Flow)'라고 표현했다. 그에 따르면 인간은 플로우의 순간에 에너지를 자발적으로 전력투구하며 행복감마저 느끼게 된다.

자신의 분야에서 성공하고 싶은가? 딱 1년. 1년만 제대로 미쳐보자. 1년 후에 내 삶이 어떻게 바뀌는지 확인해보라. 내가 무언가에 정말 미칠 때 어떤 결과가 일어날지 궁금하지 않은가? 최선이란 두 번 다시 태어나도 그만큼 할 수 없는 정도여야 한다. 불광불급(不狂不及). 미치지 않으면 원하는 수준에 절대 미칠 수 없다.

# 인생은 한 번뿐,
# 다음은 없다

미국의 시인 로버트 프로스트는 그의 시 〈가지 않은 길〉에서 두 갈래 길에서 택한 나의 선택이 모든 것을 바꾸어 놓았다고 말했다. 실존주의 철학자 사르트르도 "인생은 B와 D사이의 C"라고 했다. 태어나서(Birth) 죽기까지(Death) 우리의 삶은 선택의 연속(Choice)이다.

선택의 기로에서 기억할 것은 '우리의 인생은 한번 뿐'이라는 사실이다. 나의 인생은 내가 만드는 것이다. 인생의 뒤안길에서 상송의 대명사 에디트 피아프처럼 "아무것도 후회하지 않는다"

라고 노래할 수 있으려면 후회하지 않을 선택과 실천에 옮기는 결단력이 필요하다.

"시간이 없어서", "돈이 없어서" 다음으로 미루는 사람들 치고 다음에 하는 사람은 없다. 다음 번에는 분명 또 다른 핑계거리가 생겨나기 때문이다. 인생에선 다음은 없다는 자세가 중요하다. 무엇이든 생각날 때 실행에 옮겨야 한다.

> 20년 뒤 당신은 했던 일보다 하지 않았던 일로 인해 더 실망할 것이다.
> 그러니 밧줄을 풀고 안전한 항구를 떠나라.
> 탐험하라, 꿈꾸라, 발견하라.
> _소설가 마크 트웨인

심리학자 린다 사파딘은 일을 미루는 사람을 여섯 가지 유형으로 분류한다. 당신은 어떤 유형에 속하는가.

## 일을 미루는 사람의 여섯 가지 유형

| 완벽주의자<br>The perfectionist | 높은 기대감을 걱정하는 스타일로 방법이 보이지 않으면 시작조차 하지 않음 |
|---|---|
| 몽상가<br>The dreamer | 탁월한 기획력과 계획력이 있지만 앉아서 일하는 것에 쉽게 지치는 스타일 |
| 걱정꾼<br>The worrier | 새로운 것에 대한 두려움으로 변화에 저항하고 결정을 회피하는 스타일 |

| | |
|---|---|
| **위기의 제작자**<br>The crisis-maker | 마지막 순간의 아드레날린 폭주를 즐기고 압박이 있는 상황에서 최상의 성과를 내는 스타일 |
| **반항자**<br>The defier | 외부(마감, 기대감)에 저항하는 스타일로 때때로 적대감을 표출함 |
| **바쁜 사람**<br>The overdoer | 거절하지 못해 많은 일을 하는 스타일. 그 결과 충분한 시간이 없음 |

뒤늦게 후회하는 사람들은 저마다 무언가를 미루고 있다. 이유는 다양하다. 완벽을 추구해서, 실패에 대한 두려움 때문에, 아니면 에너지가 부족하거나 여유가 없기 때문일 수도 있다.

이유는 다양하지만 일을 미루고 마감이 되어 후회하는 건 공통적인 모습이다. 미루는 건 인생에 도움이 안 된다. '조금 있다 하려고 했다'고 항변할지도 모르겠다. 미루기 극복 세미나의 인기 강사인 리타 엠멋은 그녀의 저서 《세상의 모든 굼벵이들에게》에서 이렇게 말한다.

"하거나 하지 않는 것만 존재할 뿐, 하려고 한다는 것은 있을 수 없다."

리타 엠멋에 따르면 실제 일하는 것보다 일하기를 두려워하느라 소비하는 시간과 에너지가 더 크다고 한다. 어떤 일을 두려워해 미룰수록 마감시한 훨씬 이전부터 스트레스가 쌓이게 되고, 스트레스는 다시 그 일을 미루게 한다. 미룸의 악순환이다. 어떻게 하면 이 악순환을 끊을 수 있을까?

팀 어번은 'Wait But Why'라는 블로그를 운영하는 인기 있는 작가 중 한 명이다. 그의 TED 강연인 '할 일을 미루는 사람들의 심리'가 위 질문에 대한 답이 될지도 모른다.

그 강연에 따르면 우리의 머릿속에는 '합리적인 의사결정자'와 '즉각적인 만족을 원하는 원숭이'가 끊임없이 싸움을 벌이고 있다. 그리고 여기서 대개 원숭이가 이긴다.

원숭이는 속삭인다. 그 재미없는 일 집어치우고 잠깐만 놀자고. 오늘 할 일은 시간이 충분하니 내일로 미루자고. 일을 미루는 사람은 이 원숭이에게 자기 인생의 주도권을 내준 것과 마찬가지다.

팀 어번은 제안한다. 원숭이를 이기려 하지 말고 효과적으로 제어하라고. 원숭이에게 놀아줄 시간을 보장해줌으로써 당장 해야 할 일에 대한 시간을 확보하라는 것이다. 예를 들어 당장 귀찮음이 밀려오더라도 '오늘 오후까지 끝내고, 저녁에 쉬자'라는 단기적인 기한을 세우면 원숭이를 통제하기 편해진다.

누구에게나 즉각적인 만족을 원하는 원숭이가 있다. 미루려고 하는 성향을 자신의 무능함과 게으름으로 연결시키지는 말자. 자연스러운 일로 받아들이고 원숭이와 공존하는 방법을 모색해야 한다.

프로그래머 나카지마 사토시 역시 내일로 일을 미루는 사람

중 하나였다. 원숭이에게 인생의 주도권을 내어줬던 그가 주도권을 다시 가져온 건 우연한 계기였다. 그가 초등학교 3학년 여름방학 때의 일이다. 누구나 공감하듯이 방학숙제가 너무 싫었던 그는 숙제를 미루기 일쑤였다. 그렇게 놀기만 하다 보니 어느새 시간이 흘러 방학이 다 지나가고 말았다.

개학을 3일 앞둔 어느 날. 그동안 미뤘던 방학 숙제를 필사적으로 하고 있었다. 그때 친척 아저씨에게 전화가 왔다. 같이 바다에 놀러 가지 않겠냐면서. 하지만 그의 어머니는 그가 숙제를 다 못 해서 시간이 없다는 이유로 제안을 거절한다. 그때 그의 기분은 말 그대로 후회막심이었다. '숙제를 미리 해 놓았더라면…' 하는 생각이 머릿속에서 떠나지 않았다.

그 뒤로 그는 방학이 시작되면 2주 만에 모든 숙제를 끝냈다. 숙제를 끝내고 난 후에는 바다든 산이든 어디로든 갈 수 있었다. 그의 인생이 바뀌기 시작한 것이다.

초등학교 여름방학을 교훈 삼아 그는 일을 미루지 않고 일정을 앞당기는 습관을 가지게 됐다. 그리고 이 습관을 통해 자신보다 뛰어난 인재들보다 앞서 가게 됐다고 고백한다.

"내가 가장 중요하게 여기는 '무언가'를 해내는 사람은 100명 중 단 한 명도 되지 않았다. 그 '무언가'란 마감을 지키는 일이다. 정확히 말하면, 언제나 마감을 지킬 수 있는 방식으로 일하는 것이다."

원숭이로 고통 받는 사람들에게 나카지마 사토시의 시간관리법을 제안한다. 그는 마감에 맞추면 마감을 지킬 수 없다고 단언한다. 대신에 '2대 8 법칙'으로 지금 바로 시작할 것을 주문한다.

2대 8 법칙이란 전체 기간의 20퍼센트에 혼신의 힘으로 전력 질주해 총 업무량의 80퍼센트를 처리하라는 것이다. 생각하면서 손을 움직이는 것이 아니라, 손을 움직이면서 생각해라. 나머지 80퍼센트의 기간에 남은 20퍼센트를 채우며 일의 완성도를 높이면 된다. 일단 시작하고 전속력으로 일의 대강을 채우는 것이 중요하다.

시간이 많을 때 혼신의 힘을 다해 열정적으로 일을 하고, 마감일이 다가오면 오히려 천천히 마무리하는 것. 이것이 나카지마 사토시의 업무 처리 방식이다.

초등학교 때 배운 시간관리법으로 인생을 살아온 그는 특별한 시험공부 없이도 일본의 명문 와세다대학교에 입학했다. 대학생 때는 세계 최초의 PC용 도면 작성 프로그램 'CANDY'를 개발해 10억이 넘는 로열티를 벌어들였다. 우리에게 익숙한 '마우스 우클릭'과 '더블클릭', '드래그 앤 드롭'도 모두 마이크로소프트에서 근무한 그의 손에서 탄생한 것이다.

# 당신은 성공을 못한 게 아니라 안한 것이다

1973년 단 네 명이 세 평짜리 시골 창고에서 시작한 회사가 있다. 그리고 30년 후 이 회사는 계열사 140개, 직원 13만 명, 매출 8조 원의 일본의 대표 기업으로 성장했다. 〈월스트리트저널〉이 뽑은 가장 존경받는 CEO 30인 중 한 명, 나가모리 시게노부 사장의 일본전산 이야기다.

일본전산이 처음으로 대기업으로부터 제대로 된 수주를 따냈을 때의 일이다. 실적도 변변치 않은 중소기업 회사는 수주는커녕 대기업 담당자가 만나주지도 않았다. 연락처를 남겨도 회신이 없었다. 어렵사리 담당자를 만나도 그들의 말은 한결같았다.

"이미 우리가 거래하고 있는 모터 회사만 열다섯 개가 넘는다. 이제 와서 모터를 팔겠다고 찾아온들 도와줄 수가 없다. 그렇지 않아도 지금 거래처를 줄이려고 하고 있다. 그런 상황에서 모터 이야기라니 가당치도 않다."

이미 포화상태인 시장에서 일본전산이 들어갈 틈은 보이지 않았다. 하지만 나가모리 사장은 포기하지 않았다. 더 끈질기게 담당자를 만났고 그 덕분이었는지 담당자는 그에게 고민을 털어 놓으며 직설적으로 말했다.

"이 모터의 크기를 반으로 줄여줄 수 있나요? 석 달 안에 반으로 줄일 수 있다면, 당신 회사와 거래를 하겠습니다."

처음 이 이야기를 듣고 나가모리 사장은 대뜸 '가능할 것 같다'는 생각이 들었고 하겠다고 얘기했다. 당시 그는 스물아홉이었고 경험도 부족했다. 젊음의 패기인지, 잘 몰라서 그랬는지 일단 하겠다고 선언한 것이다.

이후 3개월간 전 직원이 이 작업에 매달렸다. 밤낮 가리지 않고 일에 몰두했다. 하지만 만족스런 결과는 나오지 않았다. 처음부터 기존 모터의 크기를 반으로 줄이는 것은 몇 달 안에 해낼 만한 일이 아니었다. 아니, 불가능에 가까웠다.

며칠 동안 직원들과 의견을 모은 결과, '여기까지밖에 못하겠다'고 보고하고, 약속을 못 지킨 것을 사과하러 가기로 결정했다.

다음 날 나가모리 사장이 대기업 담당자를 찾아갔다. 그런데 그는 나가모리 사장을 먼저 알아보고, 대뜸 말을 꺼냈다.

"나가모리 사장, 웬일인가? 일전에 부탁한 것, 못하겠다고 찾아온 것 아니야? 그래, 잘 생각했어. 어차피 자네들도 해내기는 어렵다고 봤네. 사실 규모가 있는 다른 회사 예닐곱 군데에도 부탁했었는데 다들 '못하겠다'고 손을 들었어. 지금까지 고생했네. 다른 일거리가 있는지 찾아보게나."

그 말을 듣는 순간, 나가모리 사장은 마음을 바꿨다.

"과장님, 무슨 말씀이십니까? 오늘은 그저 납기도 가까워졌고 해서, 중간보고를 하려고 왔습니다. 지금까지 별문제 없이 순조롭게 잘 진행되고 있습니다."

사무실로 돌아온 그는 직원들에게 이렇게 말했다.

"다들 기뻐해. 경쟁사들이 다들 손을 털고 나가떨어졌어. 이제 우리만 남았다. 아직 15일 정도 남았으니 한 번 끝까지 해보자. 할 수 있어!"

막연한 목표를 가지고 연구하는 것과 '이것만 성공시키면 거래할 수 있다'고 기대에 차서 연구하는 것은 분명 차이가 있다. 그와 직원들은 더욱더 일에 매진했다. 하지만 결과는 기대만큼 나오지 않았다. 그나마 18퍼센트 정도 '가볍게, 작게, 얇게' 만드는 데 성공했다.

주어진 기간 동안 최선을 다했지만, 최종 목표치인 50퍼센트는 달성하지 못했다. 그러나 하늘은 스스로 돕는 자를 돕는다고 했던가. 대기업 담당자는 3개월 만에 18퍼센트를 축소한 것도 기적과도 같은 일이라며 혀를 내둘렀다. 그리고 그 자리에서 발주를 받았다. 이것이 일본전산이 대기업과 이룬 첫 거래였다.

성공과 거리가 먼 삶을 살고 있는가? 그렇다면 당신은 성공을 못한 게 아니라, 안 한 것이다. 돈이 없다고, 시간이 없다고 핑계대지 마라. 불황에 더 크게 성장한 일본전산 나가모리 사장도, 장애를 가지고 태어난 헬렌 켈러도, 전쟁고아로 노르웨이에 건너간 라면왕 이철호도 환경을 문제 삼지 않았다.

나가모리 사장이 29세에 다니던 회사를 그만두고 4천만 원으로 모터 제작공장을 창업한 직후 세운 자신의 업무 원칙은 이랬다.

'앞으로 5년간은 죽었다 생각하고 토요일, 일요일을 포함해서 정확히 다른 사람의 두 배를 일하자. 그렇게 하지 않고서는 이길 방법이 아무것도 없다. 그렇게 해서도 안 된다면 그때는 깨끗이 포기하자.'

기적은 내 안에 있다. 한 번뿐인 인생을 적당히 살다가 원하는 것을 바라만 보는 삶을 살고 싶은가, 아니면 내 인생의 한 페이지를 치열하게 살며 원하는 것을 쟁취하는 삶을 살고 싶은가. 당신이 '꿈'이 아닌 '현실'에 머물러 있다면 그것은 나가모리 사장처럼 모든 걸 걸고 자신의 일에 뛰어들지 않은 것뿐이다.

단지, 그것뿐이다.

# 운동은 의지를 단련하는 최고의 방법

인기 웹툰을 원작으로 한 드라마 〈미생〉에는 다음과 같은 대사가 나온다.

니가 이루고 싶은 게 있다면 체력을 먼저 길러라. 니가 종종 후반에 무너지는 이유, 데미지를 입은 후에 회복이 더딘 이유, 실수한 후 복구가 더딘 이유, 다 체력의 한계 때문이야. 체력이 약하면 빨리 편안함을 찾게 되고 그러면 인내심이 떨어지고 그리고 그 피로감을 견디지 못하면 승부 따위는 상관없는 지경에 이르지.

이기고 싶다면 니 고민을 충분히 견뎌줄 몸을 먼저 만들어. 정신력은 체력의 보호 없이는 구호밖에 안 돼.

_〈미생〉 중

역설적이게도 바둑은 운동 중에서도 가장 신체활동을 하지 않는 종목 중 하나다. 그럼에도 불구하고 바둑을 가르치는 선생님이 체력의 중요성을 강조하는 것은 체력이 신체활동과 관계없이 정신력을 발휘하는 데 중요함을 의미한다.

바둑에서 한 수의 실수는 전체의 패배로 이어진다. 누구도 이기지 못할 것 같던 인공지능 알파고가 바둑기사 이세돌에게 패배한 것도 신의 한 수라 불리는 '78수'가 있었기 때문이다. 마찬가지로 우리의 인생도 순간의 집중력이 중요하다. 순간순간의 성실한 최선이 승리를 가능케 한다. 순간을 잃고 패배하지 않으려면 체력부터 길러야 한다.

몸은 겉으로 보이는 마음이다. 마음은 보이지 않는 몸이다. 몸가는 데 마음 가고, 마음 가는 데 몸 간다. 몸 상태를 보면 그 사람의 마음 상태를 알 수 있고, 마음 상태를 보면 그 사람의 몸 상태를 알 수 있다.

과거 리더의 조건으로 삼았던 신언서판(身言書判)에서 가장 먼저 제시했던 것도 바로 '몸(身)'이다. 당신의 지식과 인품이 아무리 뛰어나다 할지라도 가장 먼저 눈에 보이는 건 당신의 몸이다.

몸이 당신의 첫 인상을 결정하는 것이다.

《몸이 먼저다》의 저자 한근태는 몸이 미치는 첫 인상에 대해 이렇게 말했다.

"어떤 정치 지망생들에게 강의를 한 적이 있다. 지금은 국회의 원이 아니지만 앞으로 국회의원이 되고 싶어 하는 사람들이다. 별로 내키지 않았지만 지인의 부탁으로 그들을 만났다. 우선, 시간 약속을 지키지 않았다. 약속 시간보다 30분 뒤에야 강의를 시작했다. 한번 훑어보니 비만이 압도적으로 많았다. 얼굴색도 칙칙하고, 대부분 눈도 충혈된 상태였다. 술 냄새를 풍기는 사람도 있고 대부분 담배를 피워 댔다. 방안은 금세 이상한 냄새로 가득 찼다. 입성(옷차림)도 궁색해 보였다. 다들 자기관리와는 거리가 멀었다. 정치하려는 이유를 물었더니 이 썩어빠진 세상을 확 바꾸고 싶기 때문이란다. 속으로 생각했다. '누가 누구를 바꿔. 당신들 관리나 잘하세요.'"

나의 건강, 그리고 원하는 것을 이루게 해줄 정신력을 위해서라도 몸을 관리할 필요가 있다. 현재 당신의 몸 상태는 어떠한지 점검해보자.

내가 군대를 제대하고 공부를 시작했을 땐 운동할 여유가 없었다. 이전에 공부한 걸 다 잊은 상태에서 공부할 시간이 절대적으로 부족했기 때문이다. 잠자는 시간을 제외하곤 공부만 했다. 하지만 행정고시 면접에서 떨어지자 '할 수 있다'는 믿음도 흔들렸다. 제대 후 굳건했던 심지도 약해지고 있었다. 나는 본능적으로 과거의 실패 경험을 떠올렸다. 끔찍했다.

목표를 향한 의지를 다시 불태울 뭔가가 필요했다. 그리고 가장 적절한 방법을 떠올렸다. 바로 '운동'이었다. 그때부터 나는 필사적으로 운동에 매달렸다. 비가 오나, 눈이 오나 하루 1시간은 운동에 할애했다. 운동의 좋은 점은 땀을 흘리며 나에게 고통을 느끼게 해준다는 것이다. 운동을 하며 느끼는 고통은 극복의 대상이 된다. 숨이 차게 달리면서 뜀박질할 때마다 '이 순간을 반드시 이겨내겠다'고 다짐했다. 무거운 아령을 들고 그만두고 싶을 때 한 번 더 들면서 '나는 할 수 있다'고 외쳤다.

몸은 정직하다. 하루라도 운동을 거르면 다음 날 몸이 무거워지고 정신도 흐려진다. 반대로 꾸준한 체력단련은 체력을 강화하고 자신감을 불어 넣어 삶의 활력소가 된다. 심지어 운동은 두뇌에도 도움이 된다.

생명공학으로 유명한 솔크연구소의 연구결과에 따르면 3개월간 운동을 한 실험참가자들은 모두 새로운 신경세포가 생겨났다. 일리노이 대학의 찰스 힐먼 교수가 한 연구에 따르면 다른 조건이 모두 같을 때 운동을 한 그룹이 운동을 전혀 하지 않은 그룹보다 성적이 좋았다. 영재교육으로 유명한 민족사관고등학교에서도 아침에 전교생이 운동을 하고 수업을 시작한다.

하버드 의대의 존 레이티 교수는 이렇게 말한다.

"신체는 밀어붙이도록 만들어졌다. 우리는 신체를 밀어붙이면서 뇌도 함께 밀어붙인다. 학습과 기억력은 우리 조상들이 식량을 찾게 해주었던 운동 기능과 함께 진화했다. 따라서 뇌에 관한 한, 몸을 움직이지 않으면 무언가를 배울 필요도 없다고 할 수 있다."

나는 내가 경험한 것을 자신 있게 말할 수 있다. 운동은 의지를 단련하는 최고의 방법이라고. 운동을 매일 1시간 병행했기에 나는 면접 탈락 후 많은 사람들이 겪는 긴 슬럼프를 겪지 못했다. 오히려 나에 대한 믿음과 자신감으로 충만해졌다.

일의 성패는 마지막에 결정되는 것이 아니라 준비하는 과정에서 이미 결정된다. 시험의 결과도 시험을 치른 뒤에 결정되는 것이 아니다. 공부의 과정에서 합격자와 불합격자는 이미 결정된다. 시험은 단지 그 결과를 확인하는 절차에 불과하다.

나는 일주일간 치러지는 고시시험 기간 동안에도 루틴대로 매일 새벽에 헬스장에서 달리기를 한 뒤에 시험을 보러 갔다. 정확히는 시험을 본다기보다 합격을 확인하러 갔다. 입법고시 시험을 마친 직후 시험이 어땠냐고 물은 친구에게 내가 답한 말은 이랬다.

"나 합격했어. 내가 떨어지면 이 시험에 붙을 사람 없다. 다만, 수석합격은 장담하지 못하겠다."

결과는 수석 합격자와 평균 0.02점 차이의 합격이었다. 뒤이어 치러진 행정고시에서도 합격한 것은 물론이다.

승리를 좌우하는 집념은 의지에 달려 있다. 그리고 의지를 단련하는 최고의 방법은 운동이다. "건강한 신체에 건전한 정신이 깃든다"라는 속담에서 '신체'를 '정신'보다 먼저 둔 것은 나름의 이유가 있다. 몸과 마음 중에 단련하기 쉬운 것이 몸이기 때문이다.

몸을 단련해라. 마음마저 단련될 것이니. 축구선수 이영표는 "체력이 곧 기술이자 정신력"이라고 말했다. 고등학교 2학년 때 스케줄상 별도의 체력 훈련을 할 시간이 없던 그는 새벽 4시 50분에 일어나 산을 달렸다고 한다.

경험한 사람은 안다. 체력이 곧 정신력이라는 것을.

# 구체적인 계획이
# 구체적인 행동을 이끈다

계획 없이 배회하다가 어느 날 갑자기 달에 착륙하는 사람은 없다. 인간이 달에 갈 수 있었던 것은 철저히 계획에 의한 것이다. 시작은 소련이 인류 최초로 우주로 쏘아 보낸 스푸트니크 무인 위성이었다. 소련의 부상에 위협을 느낀 존 F. 케네디 대통령은 1970년이 되기 이전에 인간을 달로 보내겠다고 공언한다.

"세계의 눈이 지금 우주를 향해, 달과 그 너머 행성들을 향해 있습니다. 하지만 왜 달을 이야기하는 것입니까? 왜 그것을 우리의 목표로 잡았습니까? 그것은 곧 '왜 가장 높은 산을 오르는가?'

와 같습니다. 우리는 달에 갈 것입니다. 우리는 1960년대 안에 달에 갈 것이고, 다른 일들도 할 것입니다. 왜냐하면 그것이 쉬운 일이기 때문이 아니라, 어려운 일이기 때문입니다."

1970년이 되기 이전에 인간을 달로 보내겠다는 케네디의 말은 당시 많은 사람들의 비웃음거리가 되었다. "소련을 따라잡기도 벅찬데, 사람을 달로 보낸다니!"

1961년 사람들이 뭐라고 하던 달 착륙을 목표로 한 우주 탐사 계획 아폴로 계획이 수립되었다. 필요한 자료와 정보를 얻기 위한 계획들도 속속 추가로 수행되었다. 물론 인명의 희생도 있었다. 아폴로 1호는 발사 연습 중에 우주선 속에서 발생한 화재로 출발도 하지 못한 채 승무원들이 모두 사망했다.

얼마의 시간이 지났을까. 아폴로 11호에 이르러서야 닐 암스트롱, 버즈 올드린이 인류 최초로 달 표면을 밟을 수 있었다. 아폴로 11호가 달에 도착한 건 1970년이 되기 전인 1969년이다.

물론 인생은 계획대로 되지 않을 때가 더 많다. 인생이 계획대로 다 되는 것이라면 램프의 요정 지니는 〈알라딘〉에서 등장하지도 않았을 것이다. 영화 〈기생충〉의 무능한 가장 기택은 아들에게 이렇게 말한다.

"너 절대로 실패하지 않을 계획이 뭔 줄 아니? 무계획이야, 무계획. 계획을 하면 반드시 계획대로 안 되거든, 인생이."

그럼에도 불구하고 계획한 인생과 계획하지 않은 인생은 커다란 차이가 있다. 처음 가는 곳을 여행할 때 지도를 보고 따라가도 예상치 못한 변수가 생겨난다. 옆길로 새기도 하고, 가다가 다쳐서 목표로 했던 시간에 도착하지 못할 수도 있다. 중요한 것은 지도를 보고 따라가면 언젠가는 목적지에 도착한다는 것이다. 예상했던 시간에 도착하지 못할 수도 있지만 지도는 여행의 나침반이 되어준다. 반면에 지도 없이 무작정 길을 따라 걷는 것은 용감한 게 아니라 무식한 행동이다.

계획은 인생의 지도다. 놀라운 사실은 한 번뿐인 인생을 살면서 계획 없이 살아가는 사람이 정말 많다는 데 있다. 너무나 많은 사람이 너무나 계획 없이 살면서 '인생이 계획대로 되지 않는다'고 푸념하는 것은 정말 아이러니한 일이다.

소프트뱅크 그룹의 창업자인 손정의는 '인생 50년 계획'으로 유명하다. 그가 19세가 되던 해에 세웠던 계획은 이랬다.

| **손정의의 50년 계획** | <ul><li>20대에 이름을 날린다.</li><li>30대에 최소한 1천억 엔(1조 원)의 자금을 마련한다.</li><li>40대에 사업에 승부를 건다.</li><li>50대에 연 1조 엔(10조 원) 매출의 사업을 완성한다.</li><li>60대에 다음 세대에게 사업을 물려준다.</li></ul> |
| --- | --- |

1957년 일본 규슈 지역에서 태어난 손정의는 어려서부터 '조센진(朝鮮人)'이라는 차별 속에 자랐다. 재일교포라는 이유만으로 동네 아이들이 던진 돌에 머리를 맞기도 했다. 어릴 적 꿈은 초등학교 교사였으나 아버지는 재일교포로선 교육공무원도 될 수 없다고 했다.

그는 더 이상 무시 받지 않으리라 결심했다. '반드시 일등을 해서 성공해야 한다'는 각오, '일본인보다 뛰어나다는 것을 능력으로 증명하겠다'는 생각을 갖게 된 것이다.

일본의 최고 사업가가 되겠다고 다짐한 그는 미국으로 유학을 간 10대에 인생 계획을 수립했다. 그리고 놀랍게도 그가 세웠던 계획들은 모두가 다 이뤄졌다. 2011년 손 회장이 한국에서 기자간담회를 할 때 그는 이렇게 말했다.

"19세에 세운 계획대로 지금 와 있다."

아무런 계획 없이 살면서 인생이 뜻대로 되지 않는다고 불평하는 것만큼 어리석은 일은 없다. 손정의 회장처럼 생애주기별 인생 계획도 좋고, 1년 혹은 한 달 정도 단기간의 계획도 좋다. 이루고 싶은 것이 있다면 지금 종이를 꺼내 구체적인 계획을 세워보자.

# 운도 내 것으로 만드는 계획법

네덜란드 심리학자 안체 슈미트 교수에 따르면 사람은 계획과 관련해 두 가지 유형으로 나뉜다. 장애물을 만나면 금방 폭발해 목표를 포기하는 사람과 그렇지 않은 사람. 두 가지 유형의 차이는 어디에서 비롯되는 걸까?

연구팀은 학생 209명과 직장인 119명을 대상으로 앞으로 1~2주 동안 과제, 시험공부, 행사 개최처럼 성취하고 싶은 목표가 있는지를 물었다. 그리고 이 목표를 달성하기 위해 어떤 계획을 세웠는지, 계획을 실행하는 과정에서 얼마나 자주 열 받고 짜증

나고 화가 났는지, 얼마나 끈기 있게 버텼는지 일주일간 추적 조사를 했다.

그 결과 다소 두루뭉술하고 비현실적인 예상을 한 사람들과 현실적이고 구체적으로 계획한 사람들 사이에 차이가 나타났다. '어떻게든 되겠지' 수준의 불분명하고 수동적인 계획을 가지고 있었던 사람들은 조그만 장애물에도 쉽게 끈기를 잃고 중도 포기하는 모습을 보였다.

반면에 다양한 어려움을 예상하며 현실적이고 구체적인 계획을 세운 사람들은 장애물을 만나더라도 포기하지 않고 꾸준히 목표를 향해 정진했다. 위 실험은 우리에게 "목표 달성을 위한 계획은 현실적이고 구체적이어야 한다"라고 말한다. 두루뭉술하고 불분명하게 잡는 계획이라면 안 하느니만 못하다.

정신과 의사 하지현도 자신의 저서 《지금 독립하는 중입니다》에서 계획을 스마트(SMART)하게 잡으라고 말했다. 계획은 구체적이고(Specific) 측정 가능하며(Measurable), 성취 가능하고(Achievable), 근거가 있으며(Reasonable), 시간이 제한되어(Time-limited) 있어야 한다는 것이다.

일본의 야구선수 오타니 쇼헤이는 사회인 야구선수 출신인 아버지와 배드민턴 선수였던 어머니 사이에서 태어났다. 초등학교 3학년 때 야구를 시작해 고등학교 2학년 땐 고교 2년생 최고구속 타이기록을 세웠고, 3학년 땐 아마추어 야구 사상 최초로 시속 160킬로미터를 던져 세간의 이목을 끌었다.

그를 보며 처음부터 재능이 탁월했던 게 아닌가 생각할 수도 있다. 당신도 그런 생각을 하고 있다면 그가 고등학교 1학년 때 직접 계획하고 실천했던 다음의 '목표 달성표'를 한 번 보기 바란다. 오타니가 세운 이 목표 달성표는 '만다라트'라고도 불리는데 만다라트(Mandala-art)는 불교 미술 만다라 형식에서 착안한 것이다. 만다라트를 만드는 방법은 하나의 핵심목표를 세우고 그 아래 여덟 가지 세부 목표를 세운 다음, 각 세부 목표를 달성하기 위한 여덟 가지 구체적인 실천 계획을 설정하는 것이다.

그가 세운 계획 중 재미있는 점은 우리가 '운'을 그저 '운'으로 치부하는 데 반해, 그는 운을 적극적으로 쟁취할 수 있는 요소라 본 것이다. 그가 운을 획득하기 위한 요소로 제시한 것에는 플러스 사고, 책 읽기, 인사하기, 쓰레기 줍기 등이 있다. 오타니는 목표 달성표에서 '8구단 드래프트 1순위'라는 목표를 달성하기 위해 '몸만들기', '제구', '구위', '스피드', '변화구', '운', '인간성', '멘탈'의 여덟 가지 세부 항목별로 64개의 치밀한 계획을 세웠다.

계획은 누구나 세울 수 있지만 아무나 그 계획을 실천하는 것은 아니다. 구체적인 계획이 구체적인 행동을 이끈다. 그렇다면 현실적이고도 치밀한 계획을 세워 자신을 단련했던 오타니는 과연 자신의 목표를 달성했을까?

물론이다. 그는 일본의 프로구단을 넘어 미국 메이저리그의 러

| 몸 관리 | 영양제 먹기 | FSQ 90kg | 인스텝 개선 | 몸통 강화 | 축을 흔들리지 않기 | 각도를 만든다 | 공을 위에서 던진다 | 손목 강화 |
|---|---|---|---|---|---|---|---|---|
| 유연성 | **몸만들기** | RSQ 130kg | 릴리즈 포인트 안정 | **제구** | 불안정함 없애기 | 힘 모으기 | **구위** | 하체 주도로 |
| 스테미너 | 가동역 | 식사 저녁 7수저 아침 3수저 | 하체 강화 | 몸을 열지 않기 | 멘탈 컨트롤 하기 | 몸을 앞에서 릴리즈 | 회전수 업 | 가동역 |
| 뚜렷한 목표, 목적을 가진다 | 일희일비 하지 않기 | 머리는 차갑게, 심장은 뜨겁게 | **몸만들기** | **제구** | **구위** | 축을 돌리기 | 하체 강화 | 체중 증가 |
| 펀치에 강하게 | **멘탈** | 분위기에 휩쓸리지 않기 | **멘탈** | 8구단 드래프트 1순위 | **스피드 160km/h** | 몸통 강화 | **스피드 160km/h** | 어깨주위 강화 |
| 마음의 파도를 만들지 말기 | 승리에 대한 집념 | 동료를 배려하는 마음 | **인간성** | **운** | **변화구** | 가동역 | 라이너 캐치볼 | 피칭을 늘리기 |
| 감성 | 사랑받는 사람 | 계획성 | 인사하기 | 쓰레기 줍기 | 부실 청소 | 카운트볼 늘리기 | 포크볼 완성 | 슬라이더의 구위 |
| 배려 | **인간성** | 감사 | 물건을 소중히 쓰자 | **운** | 심판분을 대하는 태도 | 늦게 낙차가 있는 커브 | **변화구** | 좌타자 결정구 |
| 예의 | 신뢰받는 사람 | 지속력 | 플러스 사고 | 응원받는 사람이 되자 | 책 읽기 | 직구와 같은 폼으로 던지기 | 스트라이크에서 볼을 던지는 제구 | 거리를 이미지한다 |

브콜을 받았다. 하지만 홋카이도 닛폰햄 구단의 1순위 지명과 간절한 설득으로 메이저리그 입성을 잠시 보류하고 일본 프로야구에 진출했다.

데뷔 첫해 오타니의 성적은 만족스럽지 않았다. 그러나 이듬해 그는 투수와 타자를 겸하며 투수로서 리그 2위의 평균자책점 (2.23)을 기록했고, 타자로는 3할이 넘는 타율을 기록했다. 이후 프로 데뷔 3년 차에는 다승(15승), 승률(0.750), 평균자책점(2.24) 에서 1위에 오르며 투수 3관왕을 차지한다. 일본 프로야구 무대 를 평정한 오타니는 2018년에 메이저리거가 됐다.

우리나라에도 비슷한 사례가 있다. 1958년 미국에서 유학 중 이던 가난한 유학생은 기숙사 근처의 정원을 산책하며 생각에 잠겨 있었다.

'내가 여기 와서 이렇게 공부할 수 있는 것은 나라의 도움 없 이는 불가능한 일이었어. 나는 과연 나라를 위해 무슨 일을 할 수 있을까? 그래. 내 삶의 이력서를 작성해보자.'

고민에 빠져 있던 그는 종이 한 장을 꺼내 자신의 인생 경로와 미래의 모습을 구체적으로 그리며 미래 이력서를 작성했다.

| 나의 미래 이력서 | |
|---|---|
| | • 1960년 박사학위 취득 |
| | • 1961년 한국 대학의 조교수 |
| | • 1980년 한국 대학의 학장 |
| | • 1992년 한국 대학의 총장 |
| | • 2000년 70세, 은퇴 |

20대에 외로운 타지에서 미래 이력서를 작성하던 청년은 훗날

자전적 소설 《50년 후의 약속》에서 다음과 같이 회상했다.

"나의 미래 이력서에 의하면 나는 1960년에 박사학위를 받는 것으로 되어 있다. 비록 1년 늦었지만 그 비전은 실제로 성취되었다. 나는 34세에 한국 문교부의 고등교육국장이 되었으며, 39세 되던 1969년부터 이미 단과대학 학장으로 일하기 시작했다. 그리고 51세에 경희대학교 부총장이 되었고, 54세에는 다른 종합대학의 총장이 되었다. 내가 글로 적은 비전보다 여러 해 앞당겨진 것이다."

구체적인 꿈, 비전의 중요성을 강조했던 이원설 박사의 얘기다. 그는 34세의 나이로 최연소 문교부 고등교육국장을 지냈으며, 경희대 부총장, 한남대 총장, 숭실대 이사장 등을 역임했다. 그의 미래 이력서는 현실에서 그의 진짜 이력서가 되었다.

# '결단력'을 기르기 위한
# 구체적인 액션플랜

### Action Plan
1. 작게, 더 작게
2. 완벽주의를 버려라
3. 마감시한의 세 가지 법칙
4. 실패하지 않는 다이어트
5. 미완성의 아름다움

가수 김연자가 부른 〈아모르 파티(Amor Fati)〉의 노래 제목은 "자신의 운명을 사랑하라"라는 의미다. 이는 독일의 철학자 니체가 저서 《즐거운 학문》에서 제시했던 말로 니체는 자신의 삶이 만족스럽지 않거나 힘들더라도 운명을 받아들여야 한다고 말한다. 그러나 운명을 받아들이라는 것이 자신에게 주어지는 고난과 어려움에 굴복하라는 뜻은 아니다. 누구에게나 좋거나 나쁜 일들이 있기 마련이니 자신의 삶 있는 그대로를 받아들이고 개척하라고 권유하는 것이다.

미국의 가수 겸 배우 바비 다린은 이런 말을 남겼다.

"당신이 인생을 한 번만 산다는 것은 사실이 아니다. 당신은 한번 죽을 뿐이다. 당신은 여러 번의 인생을 살 수 있다. 만약 당신이 그 방법을 알고 있다면."

지금의 인생을 만족하든, 불만족하든 내 삶은 오롯이 나의 것이다. 지금도 늦지 않았다. 인생은 지금부터다.

## 1. 작게, 더 작게

이름만 들어도 테러범들이 두려워했다는 윌리엄 맥레이븐은 전(前) 미국 특수작전 사령관이다. 그 유명한 '넵튠 스피어' 작전을 지휘해 9·11테러를 주도한 오사마 빈 라덴을 사살했다. 그 밖에도 그에게 체포되거나 사살된 탈레반 지도자와 알카에다 요원들만 수백 명이다. '테러범 사냥꾼'이라는 별칭이 붙을 만하다.

우유부단하고 새로운 일에 도전하기 힘든 사람이라면 맥레이븐이 2014년 텍사스 대학교 졸업식에서 했던 말을 참고하자.

> 매일 아침 침대를 정리하면 여러분은 그날의 첫 번째 임무를 완수하게 되는 것입니다. 약간의 자부심을 가질 수 있고, 다음 일, 그다음 일 또한 해낼 수 있다는 용기를 가질 수 있습니다. 작은 일조차 제대로 해내지 못한다면, 큰일은 더더욱 해낼 수 없습니다. 뜻밖에 끔찍한 하루를 보낸 날에도 집에 가면 잘 정리된 침대가 여러분을 맞아주면서 내일은 오늘보다 나을

거라고 격려해줄 것입니다. 세상을 바꾸고 싶다면, 침대 정돈부터 시작하십시오.

조직 이론의 대가 칼 와익 교수도 '작은 승리 전략(Small wins strategy)' 이라 부르는 작은 성공 경험의 중요성을 강조한다. 작은 성공이 큰 성공을 부른다는 것이다. 지금 당장 시작할 수 있는 가장 좋은 방법은 일을 잘게 쪼개 작은 것부터 시작하는 것이다. 어렵고 큰 문제일수록 시도도 못 하고 방치하기 쉽기 때문이다.

시작은 작게 하되, 일단 시작하는 것이 중요하다. 전 세계를 연결한 페이스북의 시작도 하버드 대학교의 동문을 연결하는 것에서 비롯됐다. 작은 점이라도 일단 찍으면 그 점은 예상치 못하게 연결된다.

## 2. 완벽주의를 버려라

《손자병법》에 이르기를 '교지불여졸속(巧遲不如拙速)'이라 했다. 정교하나 늦은 것은 어설퍼도 빠른 것만 못하다는 것이다. 일을 잘하려다 늦어지는 것보다 미흡한 부분이 있어도 빨리 해치우는 게 낫다.

마이크로소프트의 윈도우95는 3,500여 개의 버그가 있었지만 세계를 제패했다. 키보드로 일일이 명령어를 입력해 작업을 수행하는 '명령어 인터페이스(CUI, Command User Interface)' 시대를 끝내고 마우스로 아이콘을 클릭해 명령하는 '그래픽 사용자 인터페이스 (GUI, Graphics User Interface)' 시대를 연 것이다.

발매 예정일에 마이크로소프트의 개발자 모두는 윈도우95가 수많은 버그를 가지고 있음을 알고 있었다. 하지만 예정대로 공개했다. 한 가지 버그를 고쳐도 그 부작용으로 새로운 버그가 생길 가능성이 있고, 소프트웨어의 버그를 0으로 만들기란 불가능에 가깝기 때문이다.

버그가 많은 윈도우 95가 전문가의 눈에는 완성도가 떨어지는 결과물로 보였을 것이다. 하지만 일반 대중은 '획기적인 신제품'으로 받아들였다.

모든 일은 반드시 수정하게 되어 있다. 처음부터 완벽할 수는 없다. 수정은 일을 끝낸 후에도 충분히 가능하다. 완벽을 추구하다가는 아무 일도 끝내지 못한다.

'마이피플'은 Daum 커뮤니케이션이 개발해 서비스한 모바일·PC 메신저다. 당시 카카오톡이 제공하지 않던 음성통화와 PC버전도 먼저 지원했다. 하지만 2015년 6월을 끝으로 서비스를 종료했다. 카카오톡이 출시된 건 2010년 3월, 마이피플이 출시된 건 2010년 9월, 마이피플이 시장에 출시되었을 땐 이미 100만 명 이상이 카카오톡을 즐겨 쓰는 상태였다.

카카오톡이 시장을 지배한 이유는 간단하다. 제일 먼저 시장에 출시되었기 때문이다. 카카오톡보다 더 뛰어난 기능을 제공하고도 6개월 늦게 출시한 마이피플은 역사 속으로 사라졌다.

수정은 나중에도 언제든 가능하다. 카카오톡은 지금도 꾸준히 업데이트를 진행 중이다.

## 3. 마감시한의 세 가지 법칙

여분의 자원을 심리학에서는 '슬랙스(Slacks)'라고 부른다. 이 단어는 '느슨함'을 뜻하는데 심리적인 여유를 의미하기도 한다. 문제는 여유가 있는 상태에서는 생산성과 효율성이 떨어진다는 데 있다. 이때 필요한 것이 바로 '마감시한'이다.

사회심리학자 애덤 알터와 할 허시필드는 '아홉수'에 대해 이야기한다. 19세, 29세, 39세, 49세가 되면 사람들은 그동안 하지 못한 것을 해야겠다는 강박관념에 사로잡힌다는 것이다. 알터와 허시필드는 마라톤에 처음 참가하는 사람들 중 아홉수에 걸린 사람들이 무려 48퍼센트에 달한다는 사실을 발견했다. 39세의 나와 40세의 나는 신체적으로 별 차이가 나지 않지만 10년 단위의 마지막이 마치 마감시한으로 작용하는 것이다.

마감시한과 관련된 연구는 많이 있으나 주목할 만한 실험은 크게 다음의 세 가지로 요약할 수 있다.

| 연구자 | 실험집단 | 실험결과 |
|---|---|---|
| 아모스 트버스키 & 엘다 샤퍼 | A: 마감시한이 있는 집단<br>B: 마감시한이 없는 집단 | 실행률<br>: A 〉 B |
| 댄 애리얼리 & 클라우스 베르텐브로흐 | A: 마감시한을 정해준 집단<br>B: 7일에 한 번씩 세 번 과제를 제출하도록 한 집단<br>C: 마감시한을 스스로 정한 집단 | 과제물의 질<br>: B 〉 C 〉 A |
| 마크 버제스 & 마이클 엔즐 & 로드니 슈말츠 | A: 마감시한을 스스로 정한 집단<br>B: 마감시한을 정해준 집단<br>C: 가능한 한 빨리 끝내라는 안내만 한 집단<br>D: 마감시한이 없는 집단 | 과제 후에도 자발적으로 과제를 수행하는지 여부<br>O : A, C, D<br>X : B |

위 실험결과를 정리하면 1) 실행률을 높이기 위해서는 마감시한을 정해야 하며, 2) 마감시한은 내가 <u>스스로</u> 정하는 것이 바람직하고, 3) 마감시한을 잘게 나누어 진행하는 것이 효과적이다. 예를 들어 달성하고 싶은 강력한 목표가 있다면 1년 계획과 월 계획, 주 계획, 일 계획으로 나누어 마감시한을 설정하는 것이 좋다.

다만 유의할 것은 창의적인 과제에서는 마감시한이 불필요할 수도 있다는 점이다. 마감시한이 주는 스트레스가 오히려 창의적 사고를 방해할 수 있는 것이다. 창조이론의 대가 하버드 대학의 테레사 아마빌 교수의 연구에 따르면 창의성의 수준은 외부적 동기나 시간적인 압박보다는 내재적 동기와 여유에 의해 더 크게 좌우되었다.

## 4. 실패하지 않는 다이어트

몸의 중요성은 이미 언급한 바 있다. 결단력을 위해서 다이어트가 필요한 이유는 살이 찔수록 몸이 둔해지고 정신도 둔해지기 때문이다. 살을 빼서 얼굴이 좋아진다거나 옷의 맵시가 사는 것은 다이어트를 통해 부수적으로 거둘 수 있는 효과다.

다이어트가 성공하기 어려운 이유는 너무 많이 생각하기 때문이다. 어떤 음식이 다이어트에 좋다, 어떤 운동이 다이어트에 좋다, 어떤 트레이너가 잘 가르쳐 준다 등등.

다이어트를 위해서는 사실 다 필요 없고 그냥 안 먹으면 된다. 그렇다고 무턱대고 먹지 말라는 게 아니다. 건강에 해를 끼치지 않고 오히려 건강에 도움이 되게끔 지혜롭게 단식할 필요가 있다.

실리콘밸리의 대표적인 스타트업 '에버노트'의 창업자 필 리빈은 한 때 트러플 초콜릿을 버무린 마카로니와 아이스크림 등 고열량의 간식을 즐겨 먹었다. 업무 스트레스를 설탕과 지방 범벅의 음식으로 해결하려 한 것이다. 창업 후 체중이 90킬로그램까지 불어난 리빈이 선택한 해법은 7개월간의 '간헐적 단식'이었다. 단식 첫 8일은 물과 차(茶)만 마시고 이후 일주일에 1~2일씩 단식을 반복하는 방식이었다. 그는 이 방법을 통해 체중을 30킬로그램 넘게 줄였다.

미국의 과학계에서도 간헐적 단식에 주목했다. 관련 논문만 900여 건으로, 공복이 신체에 작용하는 효과들에 대해 설명한 논문들이다. 존 스홉킨스대의 마크 매트슨 신경과학과 교수는 간헐적 단식이 비만을 막는 것은 물론, 심장을 강화시키고 인지력을 향상시키며 장수에도 도움이 된다고 밝힌다. 간헐적 단식에는 방법이 몇 가지 있으나, 여기에 대표적인 몇 가지만 소개한다.

### 대표적인 간헐적 단식의 종류

**1. 16:8**
하루 24시간 중 16시간 공복을 유지하고 8시간 안에 식사한다. 예를 들어 저녁 7시에 식사를 마쳤다면 다음 날 오전 11시 이후에 먹으면 된다. 참고로 이 방법은 아침형(오전 7시~오후 3시 식사)이 저녁형(오후 3시~오후 11시 식사)보다 효과가 좋다는 연구결과가 있다.

**2. 5:2**
일주일에 5일은 일반식, 2일은 500칼로리 미만을 섭취한다.

**3. eat stop eat**
일주일에 1~2회 24시간 단식을 유지한다.

## 5. 미완성의 아름다움

슈베르트의 교향곡 8번은 '미완성 교향곡'으로 불린다. 4개의 악장을 갖추어야 할 교향곡인데도 1, 2악장밖에 없기 때문이다. 슈베르트가 왜 이 곡을 완성하지 않았는지는 모르나 사람들은 슈베르트의 교향곡 중 미완성의 교향곡 8번을 가장 잘 기억한다.

누구나 미완성에 대한 집착이 있다. 드라마가 아주 극적인 장면에서 끝나거나, 게임에서 경험치를 쌓아 레벨업을 요구하는 것이나, 영화의 예고편으로 일부 장면만 티저 광고를 내보내는 것도 이를 겨냥한 것이다.

러시아의 심리학자 자이가르닉은 음식 주문을 받는 식당 웨이터에게서 이러한 현상을 발견했다. 계산을 마치기 전 주문을 완벽히 기억하던 웨이터가 계산을 마친 후에는 주문을 전혀 기억하지 못하는 것이었다.

몇 번의 실험을 거쳐 자이가르닉은 우리가 완결되지 않은 문제를 완결지은 일보다 더 기억을 잘 해낸다고 결론 내린다. 이 원리는 그녀의 이름을 따 '자이가르닉 효과'로 불린다.

결단이 필요할 땐 자이가르닉 효과를 활용할 필요가 있다. 우리의 마음은 미완성일 때 더 잘 기억하고 신경을 쓰게 된다. 긴가민가할 때는 일단 그냥 시작해서 미완성으로 놓아두어 보자. 빈칸을 채우고 싶은 우리의 마음이 계속해서 움직이게 해줄 테니.

대충이라도 일이 시작된 뒤 중단되면 뭔가 '찝찝'한 상태가 된다. 그러면 계속하게 되는 것이 바로 자이가르닉 효과다. 시작을 어려워하는 사람이라면 일을 미완성인 상태로 끝내라. 다시 시작하기가 훨씬 쉬워질 것이다.

'거거거중지 행행행리각(去去去中知 行行行裏覺)'이란 말이 있다. '가고 가고 가다 보면 알게 되고, 행하고 행하고 행하다 보면 깨닫게 된다'는 의미다.

일단 시작하고 미완성을 완성의 거름으로 삼아라.

— 3장 —

# 내가 정말 간절하게
# 원하고 있는 게 맞는가

# 왜 할 수 없다고
# 생각하는 거죠?

가끔 폭풍, 안개, 눈이 너를 괴롭힐 거야.

그럴 때마다 너보다 먼저 그 길을 갔던 사람들을 생각해봐.

그리고 이렇게 말해봐.

'그들이 할 수 있다면 나도 할 수 있어.'라고.

**_생텍쥐페리, 《어린 왕자》 중_**

    1946년 정월 초하루, 경북 금릉군 조마면에서 제사를 준비하던 김씨 문중 사람들은 종손 며느리의 진통에 촉각을 곤두세웠다. 제사도 늦추며 가문을 이을 남자 아기를 바라던 식구들의 기대는 이내 실망으로 바뀌었다. 아들을 기다리던 종갓집에 첫딸로 태어난 그 아이는 어린 시절부터 집안 어른들과 친척들의 구박 속에 살아야 했다.

"내 눈물을 채우자면 한강도 넘칠 거예요. 항상 '너는 안 돼'라는 말을 듣고 자랐어요. 정월 초하루에 여자로 태어났다는 이유만으로요."

그녀의 남동생은 아버지에게 얻어맞는 누나를 보며 아버지의 멱살을 잡고 주먹을 휘둘렀고, 그 죄책감에 시달리다 자살했다. 그녀는 도저히 견딜 수 없는 괴로움에 도망치듯 미국 이민 길에 올랐다. 미국인과 결혼한 후에는 시댁 식구들에게 "역시 미개한 나라에서 온 사람은 별수 없다니까"라는 온갖 인종차별에 시달려야 했다. 두 번의 유산, 그리고 결국 얼마 못 가 결혼생활에도 종지부를 찍어야 했다.

이후 살아남기 위해 청소부, 웨이트리스, 주유소 직원 등 온갖 허드렛일을 도맡았다. 열심히 사는 와중에 자궁암 진단을 받았고, 또 커다란 교통사고까지 당해 온몸이 만신창이가 되었다.

목숨이 붙어 있는 게 기적 같아 보이는 이 사람은 누굴까? 바로 미국에서도 손꼽히는 IT업계의 선두주자인 라이트하우스를 비롯해 여러 개의 회사를 운영하는 TYK그룹 김태연 회장의 이야기다. 그녀가 온갖 역경에도 굴하지 않고 인생을 개척한 비결은 뭘까?

"영어 한마디 못하는 조그만 동양 여자아이를 누가 좋아했겠어요? '내 이름은 김태연입니다. 여러분의 친구가 되고 싶어요'라고 쓴 종이를 들고 100군데 넘는 집을 돌아다녔어요. 딱 세 군데에서 문을 열어주더라고요. 끊임없이 두드린 결과, 사람들이 마음을 열어줬어요."

아는 사람 한 명 없는 낯선 이국땅, 온갖 시련 속에서도 주저앉지 않고 그녀를 움직이게 한 힘은 바로 다시 일어서야만 한다는 간절함이었다. 그 간절함은 곧 할 수 있다는 확신, 해낼 수 있다는 자신감으로 이어졌다.

육체적으로는 고된 나날의 연속이었지만 마음은 편했다. 일하는 만큼 대가가 돌아오고, 꿈꾸는 만큼 기회가 주어지리라 생각했다. 식당과 호텔에서 청소 일을 하면서도 앞으로 무엇을 해야 할지 고민했고, 성공의 꿈을 이루고 말겠다는 간절한 마음을 매일 되새겼다.

창업의 아이디어가 떠오른 것은 청소 일을 할 때였다. 청소부로 일하면서 빌딩이나 집 안 구석구석에 피어오르는 곰팡이를 봤다. '저 곰팡이를 모두 없앨 수 있으면 얼마나 좋을까?' 하는 생각을 하게 됐고, 그것이 바로 실리콘밸리의 신화 라이트하우스의 시작이 되었다.

라이트하우스는 클린룸 모니터링 시스템과 미세먼지 측정, 화학적 오염 등을 알려주는 시스템을 만드는 IT기업이다. 직원이라고는 컴퓨터공학을 전공한 양아들이 전부였던 라이트하우스는 현재 미국 100대 우량기업으로 동종업계 세계 1위를 고수하고 있다. 그녀는 자신의 성공비결에 대해 이렇게 말한다.

"사람들은 제게 '어떻게 그런 큰 성공을 거둘 수 있었느냐'고 묻습니다. 그리고 '참 힘들었겠다'라고 얘기하죠. 네. 정말 어렵고 고통스러웠어요. 하지만 좌절과 시련은 누구나 겪습니다. … 저는 버스를 탈 줄 알고, 전화를 걸 줄 알고, 화장실에 갈 줄 알고, 입에 밥을 떠 넣을 줄 아는 사람이라면 자신의 인생을 운전할 수 있는 사람이라고 봅니다. 왜 할 수 없다고 생각하는 거죠? 꿈을 마음속에 그리면서 할 수 있다는 생각을 놓지 않으면 누구나 성공할 수 있습니다."

'He can do, She can do, Why not me?(그도 할 수 있고, 그녀도 할 수 있는데, 나라고 못하겠습니까?)' 주문 외우듯 되뇌인다는 그녀의 좌우명이다. 모든 일은 할 수 있다는 자신감과 간절함에서부터 출발한다.

그렇다고 아무런 전문 지식 없이 IT기업을 창업하는 것이 가능한 일일까? 사람들의 의문에 그녀는 오히려 이렇게 되묻는다.

"내 얘기를 믿지 못하는 많은 사람에게 물어보는 질문이 있다. 하느님이 3초 안에 소원 세 개를 말하라고 했을 때 바로 대답할 수 있느냐. 대부분은 얼버무리다가 답을 못할 것이다. 매우 잘

못된 것이다. 자신의 미래에 대해서 생각하고 있지 않다는 증거다. 자신이 미래 기억을 갖고 있다면 단 1초 안에 자신이 이루고자 하는 일을 이야기할 수 있다."

그녀는 성공에 대한 간절함과 함께 'IT 기업을 성공적으로 이끌 것'이라는 미래 기억(Future memory)을 항상 마음에 품고 있었고, 그것을 실행에 옮길 때 주변에서 모두가 그녀를 도와주었다고 말한다.

왜 할 수 없다고 생각하는 거죠?

He can do, she can do, why not me?

_김태연 회장

# 간절함의 대상인지, 망상의 대상인지

당신이 무엇을 꿈꾸고 원하든지, 그것을 성취할 수 있느냐의 여부는 결국 당신의 간절함에 달려 있다. 대한민국 해방 당시 45달러에 불과했던 국민소득이 불과 반세기 만에 3만 달러까지 성장한 배경에는 '헝그리 정신'으로 불리는 간절함이 있었다. 한강의 기적이든, 내 삶이 바뀌는 기적이든, '기적'은 간절한 사람에게만 주어지는 선물이다.

높은 목표를 달성하려면 간절한 바람이 잠재의식에까지 미칠 정도로

곧고 강해야 한다.

주위의 시선에 우왕좌왕하지 말아야 한다.

하고 싶다면, 하고자 한다면 무슨 일이 있어도 그 길을 가겠다고 굳게 다짐하라.

그리고 반드시 이룰 수 있다고 굳게 믿어라.

그런 간절함이 없다면 처음부터 꿈도 꾸지 마라.

-이나모리 가즈오

간절함과 관련해 많은 사람이 착각하는 것 중의 하나는 '내가 무언가를 원하는 것'이 곧 '내가 간절하다'고 오해하는 것이다. 원하는 것과 간절함은 분명히 다른 것이다. 간절함은 무언가를 원하는 것이 전제가 되어야 하지만, 그것은 단순히 원하는 것을 넘어 온 마음을 다해 내가 할 수 있는 모든 노력을 다하는 것을 의미한다.

30대의 내가 고시공부를 다시 시작하면서 새롭게 느꼈던 점은 대부분의 사람들이 "목표를 달성하길 원하다"라고 말하면서도 공부하는 태도는 전혀 간절하지 않다는 것이었다. 그들은 늘 이렇게 말한다.

"올해는 꼭 합격하고 싶어요."

"저는 기획재정부에서 일하고 싶어요."

"올해 합격해서 봉사활동도 하고, 유럽 여행도 가고 싶어요."

이런 번지르르한 말들을 하면서 정작 그 꿈을 달성하기 위한 노력은 딱 남들 하는 만큼의 수준에서 크게 벗어나지 않는다. 남들만큼이라도 하면 그나마 양호한 편이다.

주말이라고 하루 종일 쉬는가 하면, 각종 모임에도 빠지지 않는다. 나는 그런 모습들을 보며 합격자 발표 이전에 이미 그들이 불합격할 것이라고 확신했는데, 정작 본인들은 불합격 통보에 실망하는 기색인 게 아이러니했다.

한때 20대의 나도 컴퓨터 게임에 중독되어 PC방에서 폐인처럼 지내며 공부를 제대로 하지 않았던 적이 있다. 그럼에도 그때의 나 역시 합격에 대한 간절한 마음을 품고 있다고 생각했다. 착각이었다. 고시에 합격하면 내가 속한 모든 곳에서 부러움을 한 몸에 받을 수 있을 거라 생각했고, 그게 막연히 출세의 모습이라 생각했다.

돌이켜보면 그때의 나는 고시라는 시험에 간절함이 있던 것이 아니라 그저 합격이 내게 줄 달콤함만 생각하며 망상에 젖어있던 거였다.

그렇다면 시험 준비, 창업 도전, 외국어 정복 등 무언가 목표가 생겼을 때 그것이 간절함의 대상인지, 망상의 대상인지 어떻게 구분할 수 있을까?

가장 손쉬운 방법은 내가 그것을 위해 시간을 얼마나 쓰는지 확인하는 것이다. 간절한 목표일수록 그만큼 많은 시간이 요구된다. 자연히 목표를 달성하는 데 포기해야 하는 것들도 많아진다.

목표가 있으면서도 그 목표에 많은 시간을 할애하지 않고, 또 다른 것들을 포기하지도 않고 있다면 그건 그냥 무턱대고 하늘에서 비가 내리길 기도하는 기우제와 다름없다. 우스운 건 그렇게 기우제식 행동을 보이는 많은 사람이 정작 비가 오지 않는다고 실망하고, 아쉬워한다는 것이다. 제삼자가 보기에는 너무나 뻔한 결과일 뿐인데 말이다.

일본에서 가장 존경받는 기업가인 이나모리 가즈오는 1932년 가고시마에서 태어났다. 어린 시절부터 병치레가 잦았던 그는 공부에 몰두하기 어려웠고, 오사카대학 약학과에 들어가고 싶었으나 결국 시험에 떨어져 가고시마대학 공학부에 입학하게 되었다. 그의 성에 차지 않는 작은 시골대학이었다.

대학 졸업 뒤 그는 교토에 있는 쇼후공업에 입사했다. 뉴세라믹 연구에 몰두해 성과도 내고 새로운 제품 개발과 소재 개발에도 눈에 띄는 성과를 냈다. 하지만 회사에서 주류세력인 교토대학 출신들에게 늘 무시를 당했고, 신규 개발 프로젝트에서도 제외되고 말았다.

이나모리는 이 회사에는 자신의 미래가 없다고 생각했다. 퇴사를 결심한 그는 고향에 있는 아버지에게 편지를 썼다.

"월급이 올랐다고 회사에 남게 되면 저의 신념이 무너집니다. … 부하직원 중 여덟 명은 저를 따라 회사를 그만두기로 했습니다. 남자 일생의 중대사, 온 정성을 다해 일해볼 생각입니다. …
2~3년 후에는 반드시 훌륭하게 성공하겠습니다."

간절함으로 무장해 직원들과 밤낮으로 일에 몰두한 그는 점차
회사의 규모를 키워나갔다. 기술개발과 사업 다각화에도 노력을
기울인 끝에 그가 창업한 '교세라'는 계열사가 100여 개가 넘는
글로벌 기업으로 성장했다. 그 비결은 무엇일까? 그가 한 말속에
그 답이 있다.

"자신이 가지고 있는 힘을 모두 쏟아부었다면 그 결과에 연연
하지 않습니다. 그렇게 땀 흘린 과정에서 보람을 찾고, 더 큰 목
표를 향해 나아가면 됩니다. 신은 스스로 돕는 자를 돕고, 땀 흘
린 사람의 땀 냄새를 배신하지 않습니다. '당신의 노력을 보니,
당신을 도와주고 싶은 마음이 절실해진다'며 신이 손을 내밀 정
도로 자기 일에 대한 무한한 집념과 더 높은 목표를 향해 나가는
의지를 가진 사람만이 성공할 수 있습니다. 위대함과 평범함의
차이는 결국 마음가짐과 노력이라는 1퍼센트에 달려 있습니다."

간절함이 곧 꿈을 이루는 열쇠다. 파울로 코엘료의 소설《연금
술사》는 꿈을 향해 여행하는 주인공 산티아고에게 어느 노인의
입을 빌려 이 비밀을 전해주었다.

이 세상에는 위대한 진실이 하나 있어. 무언가를 온 마음을 다해 원한다
면, 반드시 그렇게 된다는 거야. 무언가를 바라는 마음은 곧 우주의 마음

으로부터 비롯된 때문이지. 그리고 그것을 실현하는 게 이 땅에서 자네가 맡은 임무라네. 어쨌든 자아의 신화를 이루어내는 것이야말로 이 세상 모든 사람들에게 부과된 유일한 의무지. 세상 만물은 모두 한가지라네. 자네가 무언가를 간절히 원할 때 온 우주는 자네의 소망이 실현되도록 도와준다네.

# 핑계대지 말자,
# 그냥 '간절함'이 부족했던 것뿐

일본의 대표 항공사였던 일본항공(JAL)은 경영파탄으로 2010년 1월 상장 폐지됐다. 부채 규모는 2조 3,000억 엔으로 회생 가능성은 없어 보였다. 당시 일본 총리 하토야마 유키오는 일본항공을 회생시킬 수 있는 적임자가 교세라 창업주 이나모리 가즈오뿐이라 생각하고 현직에서 물러난 그를 구원투수로 요청했다.

당시 77세의 이나모리는 거듭된 사양에도 계속되는 요청에 일본항공의 파산이 일본 경제에 미치는 악영향을 막아야 한다는 대의로 요청을 수락했다. 간절함이 꿈의 열쇠임을 아는 이나모리. 일본항공 회장에 취임한 그는 임금을 받지 않고 일본항공의 회생에 전념했다. 다음은 직원 조례에서 그가 자주 했던 말이다.

"오늘 하루를 최선을 다해 살면 내일이 저절로 보일 것이고, 내일을 열심히 살면 일주일이 보일 것이다. 그렇게 일주일을 최선을 다하면 다음 주가 보이고, 다음 달이 보이고, 내년이 보일 것이다. 그렇게 매 순간 혼신의 힘을 다하는 것이 중요하다."

회장의 진심이 전해진 걸까? 얼마 지나지 않아 직원들도 한 몸이 되어 '절대 이 회사를 망하게 해서는 안 된다. 반드시 부활을 성공시키지 않으면 안 된다'는 생각을 갖게 됐다. 그 결과 적자투성이었던 회사는 1년 2개월 만에 흑자로 전환됐고, 2년 8개월 만에 주식시장에 재상장됐다.

목표달성의 당락을 가르는 절대 기준은 '간절함'임을 잊지 말자. "간절함은 스피드 건에 찍히지 않는다"라고 말했던 투수 톰 글래빈은 145킬로미터에 불과한 평범한 구속으로 메이저리그 최고의 투수에게 주어지는 '사이 영' 상을 두 차례나 수상했다.

목표를 향한 뜨거운 간절함을 마음속에 품고 살아간다면 목표 달성의 순간은 분명 머지않아 다가온다. 내 경험상 그 순간은 생각보다 더 일찍 찾아올 수 있다.

그렇다면 간절함은 어디에서 비롯되는 걸까? '무언가를 향한 간절함'은 나의 '결핍'을 느끼는 데서부터 시작한다. 목마른 사람의 갈증은 누구도 대신 해소해줄 수 없다. 간절함은 다른 누구도 아닌 내가 갈증을 느끼고 그 갈증을 해소하겠다고 마음먹는 데서부터 시작한다.

여기까지는 쉽다. '더 잘살고 싶다'는 경제적인 욕구나 '더 사랑받고 싶다'는 정서적인 욕구, '더 알고 싶다'는 지적인 욕구 등에서 인간은 누구나 결핍을 느끼기 마련이다. 문제는 무언가를 정말로 간절히 원하는 경우 '그에 합당한 대가'가 요구된다는 것이다. 당신이 어떤 시험에 합격하기를 간절히 원한다면 공부 외에 방해되는 것들은 과감히 끊어내야 한다. 당신이 창업에 성공하길 간절히 원한다면 마찬가지로 모든 정신을 창업에 쏟아부어야 한다.

이것도 포기할 수 없고, 저것도 포기하기 싫고, 모두 손에 쥔 채 다 이루겠다는 것은 사실 어느 것도 간절하지 않음을 의미한다. 내가 지금 물러설 수 없는 백척간두의 낭떠러지에 서 있다면 이것저것 따질 여유도 없다.

남들 할 것 다하면서 실패한 뒤에 '운이 안 좋았다느니', '돈이 부족했다느니', '시간이 없었다느니' 다른 것들에게서 이유를 찾으며 핑계 대지 말자. 그냥 당신의 '간절함'이 부족했던 것뿐이다.

간절하고 싶다면 우선 꿈부터 크게 꾸어라. 기회는 꿈을 꾸는 자에게 찾아오고, 꿈의 크기가 나의 크기를 결정한다. 작은 꿈을 꾸는 사람은 간절할 필요도 없이 작게 꿈꾼 대로 살아간다. 반면에 크게 꿈을 꾸는 사람은 더 간절하게 노력하고 더 큰 사람이 되어 꿈에 다가간다. 교토대에 입학해 "장래에는 좋아하는 것에 몰두하여 노벨상을 받을 만한 일을 할 거야"라고 외치던 도네가와 스스무는 1987년 노벨 생리의학상을 수상했다. 불가능을 가능하다 생각하고 간절히 노력한 사람들은 현실에서 불가능을 이루어낸다. 중요한 건 정말로 하고 싶은 것이 있다면 그 목표가 지나치게 어렵게 생각되더라도 기죽을 필요가 없다는 것이다.

노벨상을 꿈꾸고 열심히 공부하다 보면 하다못해 선생님이라도 될 수 있을 것이다. 어린 시절부터 말뚝에 묶여 자란 아기 코끼리는 성년이 되어 말뚝을 뽑아버릴 힘이 생겨도 도망갈 생각을 하지 못한다. 무수히 많은 사람이 어마어마한 잠재력을 가지고 태어나면서도 주위의 부정적인 마이너스 사고로 인해 아기 코끼리와 같은 삶을 살아간다면, 얼마나 안타까운 일인가.

당신도 스스로의 잠재력을 지레 제한하고 있진 않은가? 작은 꿈을 꾸는 것은 사실 아무런 꿈을 꾸지 않는 것과 같다. 별다른 노력도 필요 없을 테니까. 콜럼버스의 달걀처럼 발상의 전환이 필요하다. 현실이라는 틀에 갇혀 스스로의 잠재력을 가두지 마라. 당신은 더 큰 꿈을 꾸고 더 큰 일을 이룰 수 있다.

# 이것이 아니면 절대 안 되는 그 무엇이어야 한다

간절함은 이래도 되고, 저래도 되는 상황에서는 나타나지 않는다. 모 아니면 도, 이것이 아니면 절대 안 되는 그 무엇이어야 한다. 내 뒤에 아무것도 없는 배수의 진을 치고, 죽기 아니면 살기식의 정신으로 도전하면 인간의 뇌는 무한한 잠재력을 여지없이 발휘한다.

20대의 나는 공부를 오래 했지만 합격과는 거리가 멀었다. 아니 합격 가능성이 전혀 없었다. 공부를 더 오래 했다고 해도 절대 합격하지 못했을 것이다. 하지만 30대의 나는 훨씬 짧게 공부하고도 아주 우수한 성적으로 합격했다. 차이가 뭘까?

근본적인 차이는 바로 '간절함'에 있었다. 20대의 나는 여유가 있었다. 아직 젊다는 생각에, 올해 합격하면 좋겠지만 아직 젊다는 생각에 당장 올해 합격하지 않더라도 괜찮다는 생각이 있었다. 이런 생각은 나를 나태하게 만들었다. 오늘 하루 정도는 공부를 빼먹고 게임을 즐겨도 괜찮다는 생각이 금세 하루가 이틀이 되고, 이틀이 일주일이 되었다. 게임을 하면 할수록 학원 진도를 따라잡지 못하게 되고, 진도를 따라잡지 못하자 포기하고 게임에 더 몰두하는 악순환이 반복되었다. 이런 상황에서 공부기간은 아무리 길어봤자 무의미하다.

반면 군복무를 마친 서른한 살의 나는 절박했다. 번듯한 직장에 다니는 친구들도 많고, 가정을 이룬 친구들도 있는 상황에서 내가 이룬 것은 너무나 초라했다. 제대하고 다시 공부를 하기로 마음먹은 이상 더 늦기 전에 합격해야 했다.

모두가 불가능할 거라고 했지만, 나는 1년 안에 합격하기로 마음먹었다. 그리고 내가 할 수 있는 모든 것을 다했다. 잠자고 밥먹는 시간을 제외하고는 오로지 공부 생각만 했다. 자기 전에 그날 공부한 것을 정리하고 요약해 휴대폰으로 녹음했고, 아침에는 복습을, 밥을 먹을 땐 녹음한 것을 들으며 공부했다.

공부하며 매일 가졌던 생각은 오직 단 하나, '어떻게 하면 확실히 합격할 수 있을까?'였다. 객관식에서는 어떻게 더 빠르고 정확하게 풀지를, 주관식에서는 어떻게 나의 답안을 남들과 차별화할 수 있을지를 끊임없이 고민하며 공부했다.

그 결과 1년 만에 행정고시 1차 시험과 2차 시험에 모두 합격할 수 있었다. 3차인 면접에서 떨어져서 1년 더 공부하게 되었지만, 1년 더 공부한 결과는 입법고시와 행정고시 동시 합격이었다.

파울로 코엘류의 《연금술사》에서 산티아고에게 노인이 했던 말을 다시 떠올려보자. 당신이 결핍을 느끼지 못하는 한 꿈에 다가서기 어렵다. 19세기 미국의 앤드류 카네기는 공장에서 일당으로 고작 동전 몇 푼을 받는 밑바닥부터 시작해 세계 최고의 거부가 되었는데 그 역시 비슷한 말을 했다.

"자족하는 자는 용기 내 폭풍우가 몰아치는 대서양을 건너지 못한다. 그저 무력하게 방구석에 틀어박혀 있을 뿐이다."

꿈이 있는가? '해도 그만, 안 해도 그만'인 꿈이라면 지금 포기하는 게 낫다. 쓸데없는 시간 낭비를 줄여 줄 테니. 꿈을 이루는 간절함은 이게 아니면 안 되는 간절함이어야 한다.

# 10만 원에서 시작해 8개월 만에 8천만 원을 번 비결

과연 간절함이 실제로 놀라운 결과를 만들어낼 수 있는 건지, 여전히 자신과는 거리가 먼 이야기처럼 느끼는 독자가 많을 것이다. 그런 사람을 위해《지쳤거나 좋아하는 게 없거나》에 소개된 저자의 경험담을 들려주고자 한다.

그는 스물다섯 살에 의류 사업 실패로 3천만 원의 빚을 지게 되었다. 당시 그에게는 너무나도 큰돈이었다. 부모님께 도움을 구하자니 그 순간 자신의 꿈이고 뭐고 당장 집에 끌려 들어가 부모님이 원하는 삶을 살 게 뻔했다. 그래서 그는 아무에게도 알리지 않고 당시 전 재산이었던 34만 원을 가지고 서울로 올라왔다. '서울에 가면 어떻게든 돈을 벌 수 있지 않을까'하는 막연한 생각이었다. 당장 3천만 원의 빚을 갚아야 했다. 그에게 주어진 시간은 단 8개월. 8개월 안에 빚을 갚고 다시 내려갈 수 있을까?

우선 택배 상하차 일부터 시작했다. 그렇게 며칠이 지나자 몸이 힘든 건 둘째 치고 이렇게 모아서는 서울까지 온 의미가 없다는 생각이 들었다. 다른 일이 없을까 계속 찾던 중 정말 우연히 길에서 찹쌀떡을 파는 할아버지를 보게 되었다. 처음에는 근처에서 그냥 떡을 파는 아저씨라고 생각했는데 며칠 동안 지켜보니 늘 할아버지가 가는 곳에는 사람이 많았고 줄도 길었다. 한 달 동안 열 번도 넘게 마주치며 살펴보니 돈이 될 것 같다는 생각이 들어 그때부터 며칠을 쫓아다니며 할아버지께 자신의 사정을 얘기하며 방법을 알려달라고 부탁했다.

할아버지가 들려준 방법은 간단했다. 1천 원에 찹쌀떡을 떼서 3천 원에 팔면 되는 것이라고 했다. 그렇게 20년째 여기서 떡을 팔며 모은 돈으로 공장도 운영하고 있으며, 월수입은 한 달에 1천만 원이 넘는다는 것이었다.

그는 무작정 10만 원어치 떡을 샀고, 다음 날부터 바로 길거리로 나섰다. 그러나 첫날 너무 창피해 한마디도 하지 못한 그는 결국 단 한 개도 팔지 못했고 그다음 날도 마찬가지였다. 또 그다음 날도. 그다음 날도…. 그렇게 시간이 한 달 정도 지났고 그나마 가진 돈도 거의 바닥이 나자 그는 조바심이 났고 너무 불안했다. 당시를 회상하며 그는 그때 처음으로 죽고 싶다는 생각이 들었다고 한다. 스스로 그렇게 밉고 못나 보일 수가 없었다고. 그러다 죽을 용기로 마지막으로 한 번 더 해보자는 생각을 한 그는 서울역 근처에서 제일 높은 빌딩으로 찾아갔다. 그곳에 출근하는 사람들이 모두 자신의 손님이라고 생각했고, 떡을 팔려고 하기 전에 매일 출퇴근하며 열심히 일하는 그들을 '응원해야겠다'고 생각했다. 그때부터 그는 새벽 6시부터 나가 8시 30분까지 빌딩 앞에서 돗자리를 깔고 큰절을 하며 매일 외쳤다.

"오늘 하루도 모두 파이팅 하십시오!"

그리고 오전 11시부터 1시까지는 그가 왜 이런 행동을 하는지 작은 전단을 만들어 원하는 사람에게만 나누어주었다. 전단지에는 "나는 우리나라 최고의 의류사업가가 될 사람이고 얼마 전 사업 실패를 겪었지만 다시 사업 준비를 하기 위해 지금 이렇게 떡을 팔고 있다"라는 내용을 적었다. 그리고 퇴근 시간인 오후 4시부터 8시까지 다시 돗자리를 펴고 큰절을 했다.

"오늘 하루도 모두 수고하셨습니다!"

그는 그렇게 매일 같은 시간에 같은 자리에 하루도 빠지지 않고 나갔고, 8개월째 되는 어느 날 그 건물 회장이 만나고 싶다는 메시지를 전해왔다. 그를 보자마자 회장은 이렇게 말했다.

"요즘 젊은 사람들은 진짜 멋있는 게 뭔지 몰라요. 좋은 구두 좋은 정장을 입는 게 좋은 차를 타는 게 멋있는 건 줄 알아요. 그러나 당신은 내가 본 젊은 사람 중에 제일 멋있는 것 사람입니다."

회장은 자신의 건물 앞에 매일 같이 나타나 사람들에게 인사를 건네는 젊은 청년을 계속 지켜보았다고 한다. 그러다 그가 만든 전단지를 보고 그의 사정을 알게 되었고, '처음에는 며칠하다 말겠지'하며 재미있어서 그냥 두었다고 한다. 그러나 정말 단 하루도 빠지지 않고 절을 하고, 출퇴근하는 사람들을 응원하는 모습을 보며 어느 날 자신의 마음이 움직이는 걸 느끼며 대단하다는 생각이 들기 시작했다고 한다. 한 달이면 그만두겠지, 두 달이면 그만두겠지, 비가 오면 그만두겠지, 바람이 많이 불면 그만두겠지… 그러나 8개월간 하루도 빠지지 않고 떡을 팔러 나오는 모습에 직접 만나보고 싶었다고 한다. 그리고 그의 이야기를 모두 듣게 된 회장은 그에게 이런 말을 전했다.

"원래 죽자고 그만큼 노력하면 살게 되더라고요."

그로부터 한 달 뒤 그 회사에서 "대량의 떡이 필요한데 수량을 맞춰 줄 수 있겠느냐"라는 연락이 왔고, 결국 그는 8천만 원어치의 떡을 모두 팔게 되었다.

이 글을 읽는 당신이 지금 간절한 상황에 놓여 있다면 포기하지 말고 당신의 간절함을 믿기를 바란다. 당신이 목표를 이루고 싶다면 간절해져야 한다. 간절하지 않은 사람은 간절한 사람을 이길 수 없다.

# 네 인생을 살아라

이것이 아니면 안되는 절박한 상황에서도 간절함이 없다면, 지금 하고 있는 일이 진정으로 내가 원하는 일이 아닐 가능성이 높다. 스스로에게 질문해보자. '지금 하고 있는 일이 진정으로 내가 하고 싶은 일인가?'

19세기 영국의 역사가 토머스 칼라일은 일생의 일에 대해 다음과 같이 말했다.

"일생의 일을 발견한 사람은 행복합니다. 다른 행복을 찾을 필요가 없기 때문이지요."

다른 사람과 비교하지 않고 내가 정말 좋아하고 잘할 수 있는 일, 그것이 '일생의 일'이다. 부모님이 원하는 일, 다른 사람이 부러워하는 일 그것은 일생의 일과는 전혀 상관이 없다.

그러나 착각하지 말아야 할 것은 내가 좋아하는 일이라고 해서 곧 일생의 일을 의미하는 것은 아니라는 점이다. 내가 군에서 제대할 무렵 다시 고시공부를 하자고 마음먹은 배경에는 전역을 앞두고 읽었던 《일생의 일》이라는 책의 영향이 컸다.

앞으로 우리가 '직장인'으로서 살아가야 할 시간은 그동안 살아온 시간보다 훨씬 더 길다. 누군가에게 나를 소개할 때도 가장 먼저 나를 설명해주는 것이 바로 '내 일'이다. 나는 진지하게 '나에게 있어 일생의 일은 무엇일까' 고민하기 시작했다.

돌아보면 내가 일생의 일에 대해 진지하게 고민한 적은 별로 없었다. 대학을 진학할 땐 행정학과가 무난하지 않겠냐는 부모님의 말에 행정학과로 진학했다. 대학에 입학해서는 출세하려면 고시에 합격해야 한다는 사람들의 말에 고시공부를 시작했다.

남들에게 뒤처지지 않기 위해 남들 대학 갈 때 대학 가고, 좋은 회사 들어가기 위해 열심히 취업 준비했을 뿐 한 번도 나 자신을 돌아볼 시간을 갖지 못했다. 진지하게 내가 원하는 일이 무엇이고, 내가 잘하는 일이 무엇인지를 고민하는 시간이 없었던 것이다.

《일생의 일》의 저자인 김민태 PD는 평생 후회 없을 일생의 일을 찾기 위한 방법으로 다섯 가지 질문을 던진다. 이를 두 가지 질문으로 요약하면 다음과 같다.

1. 남의 기준이 아닌 자신의 기준에서 평생 그 일만 할 자신이 있는가?

2. 사회에 뛰어들 준비를 하되, 내가 정말 잘하는 것이 무엇인지 알고 있는가?

100세 시대, 평생직장이 사라진 시대라고 하지만 그렇기에 오히려 더 '평생의 업'이 중요해진 시대다. 직장을 옮겨 다닐수록 내가 가질 일의 전문성이 중요하다. 내가 무슨 일을 평생의 업으로 삼는지가 인생의 행복을 좌우한다.

중요한 것은 내가 좋아하는 일이 곧 평생의 업이 아니라는 사실이다. 좋아하면서 동시에 '내가 잘하는 일'이어야 한다. 아무리 내가 좋아하는 일이라고 해도 내가 못 하는 일이라면 그것은 취미활동의 영역으로 남겨두는 것이 현명하다.

나는 공군장교로 군복무 중 3년간 비행대대의 행정계장으로 있으면서 2010년 동일본대지진 구호작전 등을 후방에서 지원하는 일을 했다. 그때의 경험은 내가 공직에서 보람을 크게 느끼는 사람임을 일깨워줬다.

그리고 내가 담당했던 부대의 조직, 예산, 인사 등의 업무는 대학에서 전공으로 배웠던 것이라 업무의 자신감을 갖게 해주었다. 사람들과 부딪히며 함께 일하는 것은 재미있는 동시에 내가 잘하는 것이기도 했다.

서른한 살의 나이에 기약 없는 고시공부를 다시 시작한다고 했을 때 가족을 포함한 주위의 모든 사람들은 만류했다. 그럼에도 내가 무모하게 다시 도전하는 길을 택한 원동력은 간절히 공부하면 합격할 것이라는 믿음과 이 길이 나의 일생의 일이라는 확신이 들었기 때문이다.

공사장에서 일하던 인부들에게 누군가 물었다.
"당신은 지금 무엇을 하고 있습니까?"
첫 번째 인부의 짜증스러운 대답이 돌아왔다.
"벽돌 쌓고 있는 게 안 보입니까?"
두 번째 인부는 덤덤하게 "돈을 벌고 있다"고 했다. 행복한 표정의 세 번째 인부가 답했다.
"세상에서 가장 멋진 성당을 짓고 있습니다."

돈을 맞춰 일하면 직업이고, 돈을 넘어 일하면 소명이다. 직업으로 일하면 월급을 받고, 소명으로 일하면 선물을 받는다. 간절함은 자신의 인생을 살아가는 사람에게 주어지는 선물이다.
영화 〈세 얼간이〉에서 세상의 기준대로 아들이 좋은 직장에 취직하길 바라던 파르한의 아버지는 확신을 가지고 자신의 꿈을 쫓는 아들에게 이렇게 이야기한다.
"네 인생을 살아라(Live your life)."

# 꿈은 꾸는 게 아니라
# 쓰고, 말하는 것이다

희망을 말하라. 될 수 있는 한 자주 떠벌려라.

희망을 글로 적어라. 가능한 한 또박또박 반복해서 적어라.

희망을 선포하라. 혼자 우물우물 속삭이지 말고 만천하에 공표하라.

그것이 더 큰 성취의 파장을 일으킬 것이다.

－차동엽, 《뿌리 깊은 희망》 중


나만의 인생 청사진을 그렸다면 지금 당장 그 꿈을 쓰고, 말하고, 꿈의 달성을 위한 행동을 해라. 종이를 꺼내 쓰는 것이 귀찮다면 책의 여백에다 써도 좋다. 형식은 중요하지 않다. 지금 바로 행동에 옮기는 것이 중요하다.

## ○　'ex-pression'과 'im-pression'

심리학자 게일 매튜스 교수는 목표를 적어보는 것이 얼마나 중요한지 알아보기 위해 한 가지 실험을 설계했다. 다양한 직업군에 속한 267명을 5개 집단으로 나눠 목표 달성률을 조사한 것이다. 그 결과 목표를 적어놓는 사람이 그렇지 않은 사람보다 목표를 달성할 확률이 39.5퍼센트 더 높았다. 여기서 끝이 아니다. 자신의 목표를 적어 두고 주변 사람들과 목표를 공유한 사람의 목표 달성률은 76퍼센트에 달했다. 도대체 왜 이런 차이가 발생하는 것일까?

영어단어 'Impression'의 사전적 정의는 인상, 느낌, 감명을 뜻하는데, 라틴어 계열의 접두어 'im-'은 '안(in)'의 의미를 지닌다. 즉 인상은 도장을 찍고 남은 자국처럼 나에게(in) 주어진 압력(pression)이 미친 잔상이다.

반대로 영어단어 'Expression'에서 라틴어 계열의 접두어 'ex-'는 '밖(out)'의 의미를 지닌다. 즉 바깥으로 밀어낸다는 의미이므로 표현이라는 뜻을 가지게 된다.

꿈을 쓰고 말하는 것이 중요한 것은 꿈을 쓰고 말하는 과정에서 꿈을 외부로 표현하고(ex-pression), 외부로 표출된 꿈이 다시 내게 보이면서(in-pression) 내 안의 의지를 북돋아 주기 때문이다.

사람들은 표현에 인색한 경향이 있다. 연인 간에도 표현하지 않으면 사랑이 떠나갈 수 있는 것처럼, 꿈도 표현하지 않으면 신기루에 그친다. 목표를 향한 간절함을 유지하는 데 있어서 꿈을 확인하고 외부로 말하는 과정의 반복이 중요하다.

세상에서 가장 큰 도시락 회사 스노우폭스를 창업한 김승호 회장은 목표를 쓰는 것의 중요성에 대해 이렇게 말한다.

"절실한 생각이 빠져나가지 않게 하려면 자기의 절실한 그 목표를 글로 적고 이미지로 표현하는 게 필요하다. 그래서 100번을 써야 한다. … 100번을 쓰면 그 목표가 머릿속이 아니라 내 몸속에 들어온다. 목표가 명확하면 그 목표의 발원지와 연결점이 보인다. 목표와 관련된 사람과 인연, 헤쳐나가야 할 환경을 알게 된다. 그러니 써야 한다. 쓰다가 실패하면 나한테 그렇게 절박한 게 아닌 것이니 그것도 괜찮은 것이고, 써보고 기억해놓으면 인생에 평생 그런 것 한 번도 안 해 봤으니 내 몸에 각인된다. 그러면 그게 이뤄질 확률이 훨씬 높아진다. 내가 아들만 셋인데, 사업한다고 돈 빌려달라고 해도 안 빌려준다. 진짜 하고 싶으면 100번을 써보라고 한다."

김승호 회장이 목표를 손으로 쓰기 시작한 건 언제부터였을까. 대학 1학년 때 당시 고등학교 1학년이던 아내를 만난 그는 아내와 사귀기도 전에 매일 100번씩 편지를 썼다고 한다. 그렇게 100

일간 썼더니 소원이 이루어져 결혼에 골인했다. 그는 계속해서 간절한 목표가 생기면 하루에 100번씩 100일간 손으로 쓰기 시작했고, 이 방법으로 인생의 꿈을 일곱 번이나 이루었다고 고백한다.

꿈을 가지고 있는가. 그리고 그 꿈을 정말 이루고 싶은가. 그렇다면 지금 당장 그 꿈을 쓰고 주위에 말하기 바란다. 마음속으로만 생각하는 꿈은 내 안의 열정을 전혀 일으키지 못한다.

쓰고, 외쳐라! 꿈의 'ex-pression'과 'im-pression'은 당신의 간절함을 더해줄 것이다.

# 목표를 현실로 만드는 나만의 비전보드 만들기

꿈을 실현하고 싶다면 목표를 글로 쓰고 생생하게 꿈꾸어라. 돈이 드는 것도 아니다. 밑져야 본전 아닌가. 특히 꿈을 시각화, 이미지화하는 것은 꿈을 뇌에 각인하는 데 도움이 된다. 이를 위해 필요한 것이 바로 '비전보드'다.

비전보드를 만드는 것은 어렵지 않다. 아래 방법을 참고해 나만의 비전보드를 만들어보자.

## 나만의 비전보드 만들기

**1단계 : 준비물**
보드판(코르크보드 또는 흰 종이), 가위(칼), 풀
보드의 맨 위에는 '○○○의 비전보드'라고 작성한다.

**2단계 : 자료 모으기**
하고 싶은 것, 되고 싶은 것, 갖고 싶은 것에 관한 사진(출력물)을 모은다.
반드시 가슴을 두근두근하게 만드는 것이어야 한다.
사진으로 표현되지 않는 것은 포스트잇에 적어둔다.

**3단계 : 배치하기**
한가운데 내가 활짝 웃는 사진을 붙인다.
나머지 공간에 내가 모은 자료를 원하는 대로 배치한다.

**4단계 : 붙이기**
비전보드를 완성하여 가장 잘 보이는 곳에 둔다.
비전보드를 찍어서 눈에 보이는 곳 어디든 배치한다.

**5단계 : 자기암시하기**
매일 아침 자기암시와 꿈을 달성한 모습을 상상한다.
"된다, 된다, 나는 반드시 된다!"

시작이 어려운 사람이라면 거창하게 준비할 필요 없다. 안 쓰는 액자를 이용하거나 스케치북에 포스트잇으로만 꾸며도 된다. 공책에 펜만 가지고 직접 그려도 좋다. 비전보드의 목적은 남에게 보여주기 위함이 아니다. 화려하고 예쁘게 꾸밀 필요 없이 나의 목표와 꿈을 분명하게 적고 시각화하여 꿈을 생생하게 꾸는 것이 목적이다.

생생하게 꿈을 꾸는 시각화는 많은 운동선수가 사용하는 기법이기도 하다. 전설적인 골프선수 잭 니클라우스는 좋은 골프 샷은 10퍼센트의 스윙과 40퍼센트의 자세, 50퍼센트의 시각화로 이루어진다고 말했다. 권투선수 무하마드 알리부터 골프 황제 타이거 우즈까지 많은 선수가 시각화를 시합 전 마음 준비의 중요한 부분이라고 말한다. 올림픽 유도 금메달리스트 이원희도 이렇게 말했다.

"매일 잠자기 전에 선수 한 명을 떠올리며 구체적으로 이미지 트레이닝을 했다. 그러면 내가 트레이닝한 대로 경기가 이루어졌다."

생생하게 꿈꿀수록 간절함은 더해지고 꿈에 한 걸음 더 가까이 다가갈 수 있다. 비전보드를 활용한 꿈의 시각화는 당신의 꿈을 이루어주는 램프의 요정 지니가 되어줄 것이다. 사는 대로 생각할지, 생각한 대로 살아갈지 선택은 당신의 몫이다.

팝가수 케이티 페리는 아홉 살 때 자신이 직접 만든 비전보드와 함께 사진을 찍었다. 그래미상 수상은 물론이고, 그녀의 비전보드에 붙어 있던 꿈들은 모두 이루어졌다.

# '간절함'을 위한 구체적인 액션플랜

Action Plan

1. 배수의 진을 쳐라
2. 시간을 재개발하라
3. 꿈꾸는 이들과 함께하라
4. 미래의 실패도 그려보라
5. 나만의 쏠개를 준비하라

누구나 자신만의 꿈을 꾸지만, 아무나 그 꿈을 이룰 수 있는 것은 아니다. 간절함은 아무나 이루지 못하는 꿈의 달성에 필요한 전제조건이다. 단순히 원하는 것을 넘어서서 내 몸과 정신이 하나가 되고 나아가 온 우주가 도와주는 간절함을 가지는 건 결코 쉬운 일이 아니다. 간절함이 쉬웠다면 모두가 꿈을 쉽게 이루었을 것이다.

앞서 간절함을 가지기 위해서는 인생의 청사진을 그리며, 목표를 쓰고 말해야 한다는 점을 이야기했다. 이번에는 그에 관한 더욱 구체적인 실천방안을 제시하고자 한다. 아무리 좋은 말도 실천하지 않으면 아무 소용없다. 지금 원하는 것이 있다면 아래의 내용을 토대로 하나씩 실천해보도록 하자.

## 1. 배수의 진을 쳐라

알리바바의 창업자 마윈은 많은 사람들이 실패하는 이유가 돈이 없어서가 아니라 돈이 많아서라고 했다. 내가 가진 것이 많을수록, 다른 선택지가 많을수록 간절함은 사라지기 때문이다.

배수의 진은 강물을 등지고 싸움에 임하는 것으로 싸움 이외의 다른 선택지를 없애기 때문에 간절함을 이끌어내는 데 효과적인 방법이다. 간절함이 요구될 때 인위적으로 배수의 진을 치는 이유다.

단편영화를 통해 일찌감치 기대주로 주목받은 영화감독이 있었다. 장편영화 데뷔도 남들보다 빨랐다. 그의 나이 31세였던 2000년, 영화가 개봉하면 세상이 뒤집어질 것이라고 장담했으나 박스오피스 성적은 초라하다 못해 처참했다. 수입은 거의 없다시피 해 입에 풀칠하기에 급급했다. 보다 못한 친구가 쌀을 가져다줄 정도였다. 생계를 위해 촬영 아르바이트도 병행했으나, 이대로라면 죽도 밥도 되지 않을 것 같았다.

결국 아르바이트는 그만두고 조감독으로 일하며 모은 돈으로 1년만 영화에 전념하자는 각오로 새 장편영화 촬영에 임하기로 했다. 배수의 진을 친 것이다. 이렇게 해서 탄생한 영화가 바로 봉준호 감독의

〈살인의 추억〉이다.

영화 〈아저씨〉에서 원빈은 "내일만 사는 놈은 오늘만 사는 놈한테 죽는다"라고 말했다. 이것이 간절한 사람이 덜 간절한 사람을 이길 수밖에 없는 이유다. 배수의 진은 당신의 간절함을 더욱 더해줄 것이다. 간절함을 위해서는 배수의 진을 쳐라.

## 2. 시간을 재개발하라

낡고 오래된 단독주택이나 상가가 밀집한 주거지를 아파트를 중심으로 한 새 주거지로 정비하는 사업을 '재개발'이라 한다. 법률용어로는 공용환권이라고도 하는데, 쉽게 말하면 기존의 토지, 건축물에 관한 권리를 새롭게 변환시키는 토지의 입체적 변환이다.

오랫동안 꿈과는 거리가 멀게 살아온 당신의 생활방식을 변화시키기 위해서는 시간의 입체적 변환, 즉 시간의 재개발이 필요하다. 인생이 하루하루가 쌓여 이루어지는 것임을 감안하면 결국 인생의 성패는 오늘 하루, 오늘 아침에 달려 있다.

뇌파는 크게 진동수에 따라 스트레스로 불안할 때의 감마파, 긴장하거나 대화 등으로 두뇌 활동이 왕성할 때의 베타파, 명상을 하거나 조용히 휴식을 취할 때의 알파파, 졸음이 와서 약간 멍할 상태일 때의 세타파, 깊은 잠을 자며 꿈을 꿀 때의 델타파, 이렇게 다섯 가지로 분류된다.

일상생활에서의 뇌파는 대부분 긴장 상태인 베타파 상태다. 적당한 진동수의 뇌파인 알파파가 결핍되면 불안, 스트레스, 뇌 손상 등이 일어나기도 한다. 또한 창의성은 편안하고 이완된 상태의 알파파 상태에서 발휘된다. 그런데 뇌과학적으로 알파파가 가장 많이 나오는 시간은 아침에 막 깨었을 때의 30분부터 2시간 정도이다. 아침의 30분은 낮 시간의 2시간의 효율과 맞먹는다는 행동 심리학자의 연구 결과도 있다.

간절함을 느끼고 싶은가? 그렇다면 일찍 잠자리에 들고 다음 날 새벽 4시 30분에 동네 한 바퀴를 산책해보아라. 모두가 잠든 그 시간에 생각보다 많은 사람들이 부지런히 일어나 이미 하루를 시작하고 있다. 출근 첫차에 올라타 직장으로 향하는 사람들, 인적 없는 거리를 깨끗이 청소하고 계시는 미화원, 가족의 건강과 자녀의 성공을 위해 기도하러 가시는 어머님. 거리의 모습은 제각각이지만 그들의 눈빛은 반짝반짝 빛난다.

수면시간이 충분하다면 언제 일어나는지는 문제될 게 없다. 하지만 당신이 간절함을 느끼고 싶다면 새벽을 깨워라. 새벽은 간절함의 시간이다.

## 3. 꿈꾸는 이들과 함께하라

아프리카 코사족 속담에 "빨리 가려면 혼자 가고, 멀리 가려면 함께 가라"라는 말이 있다. 혼자 하는 것이 편하고 효율적이지만, 스스로의 한계를 극복하기 위해서는 다른 이의 도움이 있어야 한다는 것이다. 아리스토텔레스 역시 나를 더 나은 사람으로 만드는 존재를 친구라고 했다. 혼자 하는 것이 힘이 들 땐 마음이 맞는 동료, 선·후배와 함께하는 것이 도움이 된다. 다수가 아니라 둘이어도 좋다. 혼자서는 힘든 일도 둘이라면 이겨낼 수 있다.

나는 외로움을 많이 타는 성격이다. 가족과 함께 있을 때는 잘 몰랐는데 타지 생활을 처음 하니 외로움이 크게 느껴졌다. 20대에 게임중독이 된 것도 처음 겪는 타지생활의 외로움 탓이 컸다.

30대에 다시 공부를 하면서는 마음이 맞는 성실한 학교 후배와 함께 스터디 그룹을 조직했다. 하루 중 일정 시간은 아는 사람과 모르는 사람이 섞인 네 명의 스터디 그룹에서 답안을 작성하며 함께 공부하니 지치지 않을 수 있었다.

때로는 독선이나 내가 발견 못 하는 오류가 있을 수도 있다. 이것이 누구에게나 멘토가 필요한 이유다. 일이든 공부든 동료의식으로 함께할 때 지치지 않고 객관적인 시각으로 나의 문제점을 고쳐나갈 수 있다.

힘들고 지쳐 간절함이 약해진다면 당신과 마음이 맞는 사람과 함께해라. 멀리 가려면 함께 가야 하는 법이다. 내가 군대를 제대한 해에 조직했던 스터디 그룹 구성원 네 명은 전원 행정고시에 합격했다. 그중 두 명은 입법고시도 각각 수석과 차석으로 합격했다.

## 4. 미래의 실패도 그려보라

'생생히 꿈꾸면 이루어진다'는 말이 사람들을 오히려 망상에만 젖게 만들기도 한다. 앞서 간절함을 가지기 위해서는 생생히 꿈을 꾸는 것이 필요하다고 말해놓고, 무슨 소리인가 싶을 수 있다.

'나는 된다'라고 자기암시하는 것이 물론 필요하다. 확고한 믿음과 생생한 꿈도 필요하다. 하지만 스톡데일 패러독스가 말하는 것처럼 달콤한 망상에만 젖는 것을 극히 경계해야 한다.

때로는 미래의 실패도 함께 그려보는 것이 객관성과 간절함을 유지하는 데 도움이 된다. 나의 경우도 행정고시 면접에서 떨어지고 다시 공부를 할 때, 공부가 잘 안 되면 다시 떨어지는 내 모습을 상상했다. 잠시라도 실패를 그리다 보면 너무나 끔찍해서 머리를 가로젓고 다시 공부할 수 있었다.

간절함이 무뎌질 때는 미래의 실패도 그려보라. 미래의 실패가 생생해서 가슴이 아려오면 정신이 번쩍 들 것이다.

## 5. 나만의 쏠개를 준비하라

인간은 망각의 동물이다. 아무리 절박한 일이라도 시간이 지나다 보면 어느 정도 무감각해지기 마련이다. 그렇기 때문에 간절함을 유지하기 위해선 나만의 '쏠개'를 활용하는 것도 한 가지 방법이다.

와신상담(臥薪嘗膽)이란 고사성어로 잘 알려진 월나라의 왕 구천은 온갖 역경을 다 겪은 인물이다. 그는 어린 시절 오나라의 왕 합려에게 어머니와 사부, 사랑하는 여인을 잃는다. 월나라의 왕위에 오른 뒤 합려를 죽여서 복수하지만, 3년 뒤 합려의 아들 부차에게 패하고 오나라에 끌려가 노예로 살게 되는 치욕을 겪는다.

노예생활을 하던 그가 풀려날 수 있었던 것은 오나라 왕 부차의 대소변을 맛보며 바보 같은 자신의 모습을 보여주면서다. 똥 맛을 보고 신뢰를 얻는다는 '상분득신(嘗糞得信)'의 고사가 여기에서 유래했다. 월나라로 귀환한 구천은 똥 맛을 보던 노예생활의 치욕마저 시간이 지나 무덤덤해질까 매일같이 가시덤불 위에 누워 자고 쏠개를 핥으며 복수를 다짐했다.

월나라왕 구천처럼 간절함을 유지하기 위해 자신만의 쏠개를 준비하는 것도 좋은 방법이다. 이스라엘 민족은 이집트에서 탈출한 날을 기념하는 축제인 유월절에 쓴 나물과 함께 누룩이나 다른 효모를 넣지 않고 만든 고난의 떡, 무교병을 먹는다. 이는 고난의 떡을 먹으며 과거 이집트 노예생활의 고통을 잊지 말라는 의미다.

당신은 지금 당신만의 쓸개가 준비되어 있는가? '나만의 쓸개'는 망각의 존재인 사람에게 간절함을 잊지 않기 위한 좋은 방편이 된다.

— 4장 —

# 하루 이틀 할 거 아니다.
# 일희일비하지 말자

# 3천 배의 부를 안겨준
# 하루하루의 힘

작가 말콤 글래드웰이 《아웃라이어》에서 소개한 '1만 시간의 법칙'은 1993년 미국 콜라라도 대학교의 심리학자 앤더스 에릭슨이 발표한 논문에 따른 것이다. 세계적인 바이올린 연주자와 아마추어 연주자 간 실력 차이는 대부분 연주 시간에서 비롯된 것이며, 우수한 집단은 보통 연습 시간이 1만 시간 이상이었다.

누구나 자신의 분야에서 성공하길 원한다. 성공의 '비결'을 알기 원하는 수요가 많으니, 각종 성공에 관한 자기계발서나 영상도 넘쳐난다. 저마다 여러 가지 방법을 성공의 비결로 내세우나,

직시해야 할 진실은 "성공에 왕도(王道)가 없다"라는 것이다.

성공에는 내가 알지 못하는 비밀이 숨어 있을 거라고 생각한 사람들에게는 미안한 말이지만, 그런 비밀은 없다. 마치 무협소설의 비법서처럼 다른 사람들은 전혀 알지 못하는 대단한 비밀이 감춰져 있어 그걸 발견한 사람만이 성공하는 것이 아니다.

실력을 갖추고 성공하기 위해서는 하루하루의 노력이 쌓여야 한다. 지금의 노력이 아무런 효과가 없다고 보일지라도 언젠가 그 노력이 빛을 발하는 때가 온다. 분명히 온다. 성공의 비결이 있다면 플러스 사고의 믿음을 가지고 간절하고 묵묵하게 나아가는 것뿐이다. 역사적으로 성공한 모든 사람들이 말해준다.

## ○ 성공의 비결은 묵묵하게 나아가는 것

손정의 소프트뱅크 회장은 집념과 과감한 결단으로 유명하다. 중국에 아마존과 비슷한 전자상거래 플랫폼을 만들겠다는 마윈과 대화를 나눈 그는 단 6분 만에 205억 원을 투자하기로 결정했다.

"그의 눈에서 열정을 봤다."

투자를 결정하며 손정의가 한 말이다. 그리고 14년 뒤, 마윈이 창립한 알리바바는 중국 최대의 전자상거래 업체로 성장했으며 손정의의 투자금액은 3천 배가 불어나 60조 원이 되었다. 손정의 회장은 마윈의 눈에서 자신을 보았다. 가진 것 하나 없어도 오직 '할 수 있다'는 열정과 집념으로 똘똘 뭉쳐 있던 자신의 모습 말이다.

손정의는 재일교포로서의 차별을 피해 어린 나이에 미국으로 유학을 갔다. 집이 부유하다거나 다른 사람이 권해서 간 것이 아니었다. 아버지는 병원에 입원 중이었고, 가정 형편은 한 치 앞을 장담할 수 없었다. 친척들은 그를 나쁜 놈으로 몰아붙였다.

"인정머리 없는 녀석! 아비가 언제 죽을지 모르는 마당에 유학이라고? 네 한 놈 잘되자고 가족을 내팽개치냐? 피도 눈물도 없는 놈!"

그는 가지 말라며 눈물로 매달리는 가족들에게 이렇게 말했다.

"의사 선생님께 여쭤보니 아버지는 안 죽는대요. 피를 토하기는 했지만 살 수 있단 말입니다. 앞으로 몇 년, 집안을 생각하면 여기서 착실히 공부해야겠지요. 하지만 몇십 년을 생각하면 가족을 위해서도, 또 제 자신이 뭔가 이루기 위해서도 인생을 바칠 일을 찾아야 합니다. 전 떠날 거예요. 이 마음은 절대 안 바뀝니다."

그렇게 가족의 반대를 무릅쓰고 미국으로 유학을 떠난 그는 누구보다 간절했다. 피 토하는 아버지, 오열하는 어머니를 뿌리치고 온 유학이었다. 그렇게 만 16세에 고등학교 10학년(한국으로 치면 고교 1학년)으로 편입하여 2주 만에 고교 3년 과정을 떼어 버리고 고교졸업 검정시험에 도전한다.

마음이 급했다. 정말 어렵게, 무리해서 추진한 유학이었다. 밤을 새워가며 공부한 끝에 그는 고교졸업 검정시험에 합격한다. 미국에 온 지 1년도 안 돼 고교과정을 마친 것이다. 대학에 입학한 뒤에도 죽기 살기로 공부와 연구에 몰두했다.

"수업은 한 번도 빼먹지 않았다. 항상 맨 앞줄에 앉아 교수 얼굴을 잡아먹을 듯 노려보며, 화장실에 갈 때도 교과서를 손에 들고, 걸으면서도 책을 읽었다. 밥을 먹을 때도 손에서 교과서를 놓지 않았다. … 폐렴에 걸린 줄도 몰랐다. 기침이 계속 터져 나오고 목에선 쌕쌕 소리가 났지만 참고 공부했다. 머리가 깨질 듯 아파도 그저 책만 봤다. 쉬는 시간은 오직 잠잘 때뿐. 그마저도 최소화했다."

그러다가 운명의 상대도 만났다. 두 살 연상의 일본인 유학생 유미와 결혼을 약속한 것이다. 너무 바빠 도서관에서 짬짬이 얼굴을 보는 게 다였지만, 평생을 함께하기로 결심한다. 그런데 결혼을 약속한 날, 어이없게도 번역기 개발에 몰두한 그가 결혼식을 깜박하여 결혼식이 취소되었다.

일주일 뒤 날짜를 다시 잡았다. 그런데 이번에도 일에 빠져 있다 지각을 하고 만다. 다행히 주례가 기다려줘 간신히 식을 마칠 수 있었다고 하는데 이는 그가 얼마나 자신의 일에 무섭게 집중했는지를 잘 보여주는 일화다.

손정의가 학생시절에 개발한 번역기 특허는 일본 기업 샤프에 팔렸다. 이때 그는 사업의 밑천이 되는 1억 엔을 벌었는데, 당시

스물한 살의 손정의를 상대한 샤프사의 전무 사사키 다다시는
그때 상황을 이렇게 회고했다.

"사람은 눈을 보면 알 수 있지. 그의 빛나는 눈빛은 다른 사람
과 달랐어."

# 초시생이 장수생보다
# 먼저 합격하는 이유

학문하는 길에는 방법이 따로 없다.

모르는 것이 있으면 길 가는 사람을 붙들고 묻는 것이 옳다.

심부름 가는 아이가 나보다 한 자라도 더 안다면 배울 수 있는 것이니, 자신이 남보다 못한 것을 부끄럽게 여겨 자신보다 나은 사람에게 묻지 않는다면 죽을 때까지 스스로 고루하고 방술이 없는 데에 갇히는 것이다.

_박제가, 《북학의》 중

**시험의 세계에선 공부한 지 얼마 되지 않은 초시생이 오래 공**

부한 장수생보다 먼저 합격하는 이변이 자주 일어난다. 시험에서 뿐만 아니라 직장에서도 늦게 입사한 직원이 선배보다 먼저 승진하기도 하고, 사회에서는 시간의 선후관계가 지켜지지 않는 경우가 종종 있다. 먼저된 자가 나중되고, 나중된 자가 먼저되는 이유는 뭘까?

○ **익숙함이 주는 함정**

　　변화를 추구한다 말하지만 실상 변화를 좋아하는 사람은 많지 않다. 변화란 기존의 삶에서 벗어나 낯선 상태를 불러오기 때문이다. 안정에서 불안정한 상태가 되니 변화를 좋아할 리 없다. 그런데 우리가 추구하는 익숙함이 우리를 매너리즘에 빠지게 한다. 틀에 박힌 방식과 태도가 독창성을 잃게 만드는 것이다.

　여기 익숙함이 주는 함정을 잘 보여주는 사례가 있다. 천장에 실이 두 개 매달려 있다. 실험실에 들어간 학생은 멀리 떨어진 두 개의 실을 하나로 연결해야 한다. 그런데 사전에 학생들의 팔 길이를 대략 측정해놓았기 때문에 한쪽 실을 잡고 다른 쪽 실을 향해 팔을 뻗어도 손이 닿지 않는다. 실험실 A에는 가위 하나가 놓여 있는데 이를 사용해도 좋고 사용하지 않아도 된다. 학생들은 어떻게 과제를 수행했을까?

　이제 재밌는 상황이 벌어진다. 대다수 학생은 가위를 종이 자를 때처럼 한쪽 손으로 쥐고 가위를 뻗어 반대편 실을 잡으려 애를 쓴다. 대부분 잡으려고 하는 실의 끝이 가위에 싹둑 잘려나간다. 이제 대부분의 학생들은 가위를 거꾸로 잡는다. 위험하게도 날을 자신의 손으로 잡고 그 실을 잡아보려는 것이다. 이런 광경은 학생마다 차이가 있지만 평균 10분에서 20분 지속된다.

그런데 실험실 B에는 가위 대신 망치를 가져다 놓으면 상황은 달라진다. 상당수의 학생은 그 망치를 어떻게 활용할까 생각하다가 망치를 한쪽 실 끝에다 묶는다. 실에 묶인 망치는 시계추처럼 앞뒤로 왔다 갔다 하게 된다. 학생은 망치를 반대방향으로 던진 뒤 다른 실을 잡고 기다리다가 망치에 묶인 실이 가까이 왔을 때 낚아채서 두 실을 연결한다. 과제를 해결하는 시간은 가위가 있는 방에 들어간 학생 그룹보다 훨씬 더 짧게 걸린다.

가위는 손잡이가 고리 모양이기 때문에 망치보다 더 쉽게 실에 묶을 수 있다. 하지만 가위를 사용한 대부분의 학생들은 이 생각을 좀처럼 해내지 못한다. 도대체 왜 이런 현상이 발생할까?

일상생활에서 실과 가위는 주로 가위로 실을 자르는 관계다. 따라서 가위의 기능을 자르는 것으로 한정해버리기 때문에 가위를 묶는 용도로 활용할 생각 자체를 못 하는 것이다. 반면에 망치와 실은 역할과 기능에서 밀접한 관련이 없다. 망치에 실을 묶는다는 발상이 가위에서처럼 어렵지 않은 것이다.

위 실험은 익숙한 연결이나 상황일수록 새로운 아이디어나 혁신적인 해결책을 생각해내기가 어렵다는 걸 보여준다. 익숙함이 우리에게 주는 함정은 바로 새로운 생각을 하지 못하게 한다는 것이다.

시험을 오래 공부한 사람이나 직장생활을 오래 한 사람의 경우 매너리즘에 빠져 자신의 능력을 100퍼센트 발휘하지 못하는 경우가 많다. 매너리즘에 빠지지 않기 위해서는 스스로를 의도적으로 낯선 환경에 두어 익숙함이 주는 함정을 경계할 필요가 있다.

집중이 잘 되지 않는 날이면 장소를 바꿔본다든가, 환경을 재배치해보자. 자주 산책을 하며 자신을 낯선 상황에 두는 것도 매너리즘을 극복하는 데 도움이 된다. 작가들이 산책이나 여행을 좋아하는 것도 이유가 있다.

창의성은 익숙한 것을 낯설게 보는 데서 시작한다. 뉴턴이 떨어지는 사과에서 만유인력의 법칙을 발견한 것도 익숙한 것을 낯설게 바라봤기 때문이다. "어른들은 낯선 것을 익숙하게 만들고, 아이는 익숙한 것을 낯설게 본다"라는 말이 있다. 철학자 니체가 《짜라투스트라는 이렇게 말했다》에서 어린아이를 인간 정신의 최종 단계로 규정한 것도 어린아이의 '창조성' 때문이 아닐까?

누구나 시간이 지나면 익숙함에 젖어든다. 하지만 아이의 시선으로, 여행자의 시선으로 세상을 바라보면 익숙함이 주는 함정을 비켜갈 수 있다.

# 익숙함이 주는
# 함정을 걷어차라

1992년 미국 대선은 걸프전 승리의 영웅이었던 조지 부시(아버지 부시) 대통령의 승리가 유력했다. 대선 중반까지만 해도 부시의 승리가 확실시됐지만, 결과는 극적인 반전이었다. 무명에 불과했던 아칸소주 주지사 출신의 빌 클린턴이 승리한 것이다.

클린턴의 무기는 "바보야, 문제는 경제야(It's the economy, stupid.)"라는 선거구호였다. 불황에 어려움을 겪는 국민들의 마음을 사로잡은 것이다. 선거든, 시험이든, 인생이든 좋은 결과를 얻기 위해서는 당면한 문제의 원인을 정확히 파악하고 진단해야 한다.

익숙함이 주는 함정의 원인은 대부분 '자만'에서 비롯된다. 신화와 역사는 항상 자만에 대한 경고를 거듭해왔다. 그리스 신화는 인간의 자만에 대한 신의 경고가 주된 내용이다. 스핑크스의 숙제를 풀어낸 영웅 오이디푸스는 자신의 능력을 과신하며 타인의 의견을 무시하다 비극적 결말을 맞는다. 자신이 세상에서 최고로 천을 잘 짠다고 여기던 소녀 아라크네는 신을 모욕한 결과 평생 그물을 짜는 거미가 돼버렸다.

중국 춘추시대 오나라와 월나라 간 다툼에서 유래된 고사성어 '와신상담'이 던져주는 메시지는 명확하다.

"자만한 자는 패하고 간절한 자는 승리한다."

시험을 처음 본 초시생이 오랫동안 공부한 장수생보다 먼저 합격하는 이유도 여기에 있다. 초시생은 공부량이 부족해 기본에 충실하면서 모르는 것이 있으면 질문하고, 새로운 내용을 익히는 데 여념이 없다. 특정 범위의 문제 출제 가능성을 함부로 단정하지도 않는다.

반면에, 계속해서 실패하는 장수생은 아는 것은 많으나, 기본에 충실하지 않고 중요하지 않은 협소한 주제에 집착한다. 본인의 경험에 비춰 특정 범위의 문제 출제 가능성을 스스로 단정 짓기도 한다. 정작 기본적인 주제의 문제가 출제됐을 때 초시생이 장수생보다 더 훌륭한 답안을 쓰는 이유가 여기에 있다.

돌다리도 두들겨 보고 건너듯 항상 자만하지 않도록 주의해야 한다. 그렇지 않으면 나보다 늦게 시작한 사람이 나보다 앞서 영광을 누리는 결과를 곁에서 지켜보아야만 할 것이다.

## ○ 직업이 고시생인 사람들

공부를 오래 한 장수생 중에는 아예 직업이 고시생으로 보이는 사람들도 있다. 빨리 합격해 수험생활을 떠날 생각을 하기보다 고시생의 삶에 적응하고 안주하며 시간을 허비하는 사람들. 그야말로 주객이 전도되어 매너리즘에 빠진 것이다.

원숭이를 대상으로 한 매너리즘 실험이 있다. 실험에서는 원숭이 네 마리를 한 방에 넣고 긴 장대의 꼭대기에 바나나를 매달아두었다. 배고픈 원숭이 한 마리가 바나나를 발견하고 장대에 올라 바나나를 따려 하면 천장에서 물벼락이 떨어진다.

나머지 원숭이들도 같은 시도를 하지만 똑같이 물벼락을 맞는다. 방 안의 원숭이들은 여러 차례 바나나를 따려고 시도해보지만 그때마다 찬물 세례를 받고 바닥에 떨어져 바나나 먹는 것을 포기하게 된다.

더 흥미로운 것은 그 이후의 원숭이들이 보이는 태도다. 네 마리의 원숭이 중 한 마리만 새로운 원숭이로 교체한다. 이 새로운 원숭이는 장대 위의 바나나를 발견하고 바나나를 따려 한다. 그런데 나머지 세 마리의 원숭이가 소리를 지르며 바나나를 따지 못하게 한다.

결국 바나나를 올려보던 신입 원숭이는 찬물 세례를 받지도 않았지만 기존 원숭이들의 성화에 못 이겨 바나나 따는 것을 포기하게 된다. 이런 과정은 새로운 원숭이가 들어올 때마다 반복되었다. 나중에는 방안에서 물벼락을 맞았던 원숭이가 한 마리도 남지 않게 되었지만, 어떤 원숭이도 바나나를 따 먹으려 하지 않았다. 유명한 '화난 원숭이 실험'의 내용이다.

실패와 무기력이 학습되면 매너리즘에 간히는 원숭이처럼 아무것도 할 수 없게 된다. 오늘 하루 타성에 젖어 무기력하게 보내는 것이 내 삶에 큰 영향이 없을 거라 생각할지도 모르지만 이는 오산이다. 서서히 데워지는 물속에서 물 밖으로 뛰쳐나오지 못하고 죽고 마는 개구리처럼 매너리즘은 스스로를 파괴한다.

준비하는 과정에서 실패는 피할 수 없는 것이지만, 실패와 무기력에 익숙해지면 안 된다. 실패를 매번 새롭게 받아들이고 다시 새롭게 분발하는 사람만이 화난 원숭이 실험의 매너리즘에서 벗어날 수 있다.

# 알았으면 무소의 뿔처럼
# 혼자서 가라

소리에 놀라지 않는 사자와 같이

그물에 걸리지 않는 바람과 같이

흙탕물에 더럽히지 않는 연꽃과 같이

무소의 뿔처럼 혼자서 가라

**_- 불교 경전 《수타니파타》 중_**

1961년 4월 11일, 이스라엘 검찰이 반인류적 범죄로 기소한 오토 아돌프 아이히만에 대한 첫 재판이 열렸다. 나치 친위대 중령 아이히만은 죽음의 수용소에서의 수백만 명 학살, 독가스 도입 및 운용 등 모두 15가지 범죄 혐의로 기소되었다. 아이히만은 유대인 박해의 실무 책임자였다.

그는 독일이 항복한 뒤 가족과 함께 아르헨티나로 도주해 약 10년 동안 건설사 직원, 유통업체 감독관 등으로 일했다. 하지만 1960년 오랫동안 그를 추적해온 이스라엘 정보기관 모사드에 의해 체포되어 이스라엘로 압송된다.

"책임 있는 지도자들과 그들의 손아귀에서 한낱 도구로 일할 수밖에 없었던 나 같은 사람들 사이에 선을 그을 필요가 있다."

아이히만은 이렇게 주장하며 선처를 호소했다. 하급관리에 불과했던 자신은 지시를 따랐을 뿐이며, 상급자들이 저지른 범죄에 자신이 책임을 지는 것은 부당하다는 것이다.

정치학자 한나 아렌트는 저서 《예루살렘의 아이히만》에서 아이히만처럼 사고를 멈춘 채 국가권력의 지시를 성실히 수행한 인간들이 엄청난 비극의 가해자가 됐다며 '악의 평범성'이란 개념을 제시했다. 그가 역사적인 범죄자가 된 것은 자신이 하는 일의 의미를 생각하려 들지 않은 '생각의 무능력' 때문이라는 것이다. 하지만 이것이 면죄부가 될 수 있을까?

불교의 초기경전인 《수타니파타》에 나오는 구절 "무소의 뿔처럼 혼자서 가라"는 다른 사람의 의견에 휘둘리지 말고 자신이 옳다고 믿는 바를 선택하라고 말한다. 언제나 곁에서 훈수를 두는 사람은 많다. 선택은 자유지만, 결과에 대한 책임은 오롯이 본인의 몫임을 명심해야 한다.

1961년 12월 15일, 아이히만 재판은 마침내 종결되었다. 아이히만은 기소된 15가지 혐의에서 모두 유죄 판결을 받았다. 재판장은 다음과 같이 선고했다.

"그 범죄들은 그들의 본성과 능력에서 나온 전례가 없는 참상이다. 유대인을 겨냥한 범죄의 목표는 유대인만이 아닌 지구상의 모든 인류를 제거하려 한 것과 같다. … 법원은 반인륜적 범죄를 저지른 아이히만에게 사형을 선고한다."

# 불확실성의 시대,
# 슈뢰딩거의 상자 밖으로

'슈뢰딩거의 고양이'는 물리학자 슈뢰딩거가 양자역학의 불완전성을 보여주기 위해 고안한 사고실험(생각으로만 성립되는 실험)이다. 독가스가 일정 확률로 나오도록 장치해둔 상자 안에 고양이를 넣고 상자의 뚜껑을 닫았다고 가정하자.

양자역학의 확률론에 따르면 상자 안에는 한 마리의 고양이가 살아 있는 상태와 죽은 상태가 뒤섞인 상태로 존재해야 하는데 현실에서 그런 상태는 있을 수 없다. 즉, 슈뢰딩거의 고양이는 미시 세계의 양자역학이 지닌 모순과 불확실성을 보여준다.

하지만 우리가 사는 거시 세계도 불확실성으로 가득 차 있다. 실제로 상자를 열어 관측하기 전까진 고양이의 생사를 알 수 없듯이, 우리의 삶도 예측 불가능하다.

바야흐로 불확실성의 시대다. 성공의 방정식도 바뀌고 있다. 과거에는 명문대에 입학하여 고시에 합격하는 것만이 유일한 성공 방정식이었다. 하지만, 지금은 성공의 길이 다양해졌다.

지방대에서 건축공학을 전공한 이진욱 대표는 BB크림에 매료되어 화장품 브랜드 닥터자르트를 창업하고 43세의 나이에 회사를 매각하여 1조 3천억 원의 돈방석에 앉았다. 어린아이의 장난감을 가지고 노는 유튜브 채널을 운영하는 보람튜브는 한 달에 수십억 원의 수익을 올린다.

정태영 현대카드 부회장은 2018년 연세대 경영대학 졸업식에서 고시에 붙는 것보다 무한도전 멤버가 되는 것이 더 대단한 시대가 되었다고 말했다.

"무한도전의 멤버가 되는 것이 고시에 합격하는 것보다 더 대단한 일이 되었습니다. 여러분들이 고졸의 강연을 듣는 일이 스티브 잡스나 마크 저커버그 정도로 끝날 거라고 생각하지 않습니다. 성공의 방정식이 훨씬 다양해졌다는 뜻이고, 명문대학교 졸업장으로 얻을 수 있는 의미가 오래가지 않는다는 뜻입니다. 세상은 더 이상 특정 대학, 특정 전공, 특정 학문을 위해 있지 않습니다.

저는 우리들이 스스로를 더 많이 이해해야 한다고 생각합니다. 우리는 평생 남의 얘기만 하며 삽니다. 이 사람은 어떻고 저 사람은 어떻다. 그러면서 정작 본인에게는 별로 관심이 없고 알려고 하지 않습니다. 스스로가 100미터 단거리 선수인지 마라톤 선수인지도 모르고 트랙 주위를 맴돌아서는 안 됩니다.

여러분들의 인생은 여러분을 발견하고 응원하는 데 쓰여야 합니다. 제 주위에서 나름 성공을 이루신 모든 분들은 자기 스스로를 잘 이해하고 자기만의 길이 뚜렷한 분들이었습니다. 더 이상 가식과 포장의 안에서 살 필요가 없습니다.

누구나 불안전하고 불완전한 존재입니다. 스스로를 이해하고 자신감을 불어넣어 주십시오. 여러분들의 특이점, 불완전성이야말로 세상이 여러분을 필요로 하고 매력적으로 느끼는 이유라는 것을 알아야 합니다."

정태영 부회장의 말처럼 세상은 당신의 불완전성에 매력을 느낀다. 지금 상태가 완성형이 아니기 때문에 앞으로의 잠재력이 무궁무진한 것이다. 지금은 상자 안에 갇힌 슈뢰딩거의 고양이처럼 결과를 알 수 없지만, 노력 여하에 따라 상자를 박차고 멋지게 세상 속으로 뛰어들 수 있다.

상자 속에 갇힌 슈뢰딩거의 고양이는 살거나 죽거나 두 가지 선택지밖에 없다. 상자 속에 갇혀 제한된 선택지 중에 하나를 기다리는 삶이다.

하지만 주어진 선택지가 마음에 들지 않으면 게임의 룰을 바꾸면 된다. 상자 밖으로 나오면 좋은 친구도 있고, 맛있는 음식도 있고 다양한 선택지가 있는데 상자 속에 갇혀 고민할 필요 없다. 스스로를 믿고 자신감을 가지고 상자 밖으로 나가자.

# 강남 엄마가
# 거창고등학교에 매료된 이유

경상남도 거창군 거창읍. 이곳에 위치한 거창고등학교는 입시철
이면 높은 명문대 진학률로 언론의 주목을 받는다. 거창고에 들
어가기 위해 강남에서도 올 정도다. 강남 엄마 강현정 씨는《거창
고 아이들의 직업을 찾는 위대한 질문》이란 책에서 거창고가 가
르치는 '직업 선택의 십계'에 주목한다.

　거창고 직업선택의 십계를 보면 얼핏 '내용이 반대로 적힌 게
아닌가' 하는 의문부터 든다. 학부모 입장에서가 아니라 일반인
의 눈에도 선뜻 수긍하기 힘들다. 세상의 상식과는 반대되는 이

야기를 하고 있어서다. 하지만 강현정 씨가 만난 전국 각지의 거창고 졸업자들을 보면 '성공'과 '행복'에 대해 다시 생각해보게 된다. 많은 거창고 졸업생들을 행복한 인생으로 이끈 직업선택의 십계를 직접 읽어보자.

## 직업선택의 십계

**하나,** 월급이 적은 쪽을 택하라.

**둘,** 내가 원하는 곳이 아니라 나를 필요로 하는 곳을 택하라.

**셋,** 승진 기회가 거의 없는 곳을 택하라.

**넷,** 모든 조건이 갖추어진 곳을 피하고 처음부터 시작해야 하는 황무지를 택하라.

**다섯,** 앞다투어 모여드는 곳은 절대 가지 마라. 아무도 가지 않은 곳으로 가라.

**여섯,** 장래성이 전혀 없다고 생각되는 곳으로 가라.

**일곱,** 사회적 존경 같은 건 바라볼 수 없는 곳으로 가라.

**여덟,** 한가운데가 아니라 가장자리로 가라.

**아홉,** 부모나 아내나 약혼자가 결사반대를 하는 곳이면 틀림이 없다. 의심치 말고 가라.

**열,** 왕관이 아니라 단두대가 기다리고 있는 곳으로 가라.

얼핏 비상식적인 얘기로 들리는 직업선택의 십계지만, 열 가지 계명이 공통적으로 이야기하는 것은 선택의 기준을 '타인'이 아닌 '자신'에게 두라는 것이다. 우리는 성공과 행복을 이야기할 때 지나치게 타인의 시선을 의식하곤 한다. 남이 대신 살아주는 인생도 아니면서 다른 사람이 평가하는 성공과 행복에 목을 매는 것이다.

한센인들이 집단으로 거주했던 소록도의 국립병원에서 공중보건의로 근무한 뒤 서울대병원의 교수직 제의를 뿌리치고 한센병 전문병원인 여수애양병원에서 30년 넘게 근무한 김인권 명예원장. 그는 모교인 서울대 졸업식에서 후배들에게 이렇게 이야기했다.

"너무 좋은 직장 찾지 마세요."

누구나 생각하는 좋은 직장은 경쟁이 치열하고, 상하 수직관계가 확실해 자신의 존재감을 나타내기 어렵다는 것이다. 그는 후배들에게 당부한다. 직장 선택에서 중요한 것은 남이 좋다고 하는 것이 아니라 자신의 마음이 이끄는 대로 결정하는 것이라고.

알리바바의 창업자 마윈은 친구들이 반대하던 자신의 창업과정을 이렇게 회고했다.

"저는 24명의 친구들을 집으로 초대해 그들에게 대학 강의를 그만두고 인터넷 관련 사업을 하고 싶다고 말했습니다. … 제 자신도 인터넷 기술을 제대로 파악하지 못한 상태였지만 장장 2시간에 걸쳐 24명의 친구들을 설득했습니다. … 반대 23표, 찬성 1표. 인터넷이란 기술은 현실과 맞지 않는다며, 저를 지지했던 친구조차 인터넷 사업을 포기하라고 충고하더군요. 저도 컴퓨터를 제대로 다루지 못했고, 네트워크의 존재조차 분명하게 이해하지 못했습니다. 그러나 친구들이 반대했다고 해서 제 꿈을 접을 수는 없었습니다. 밤새 고민 끝에 이튿날 아침 대학 강의를 그만두고 제 꿈을 좇기로 결심했습니다."

그 후 마윈은 인터넷을 이용한 전자상거래 회사를 설립한다. 글로벌 기업을 만들고 싶었기에 회사명도 알리바바라 지었다. 《아라비안나이트》에 나오는 '열려라 참깨' 이야기를 모르는 사람은 없으니까. 이후 대다수의 친구들이 반대했던 알리바바는 중국 최대의 전자상거래 기업이 되었고, 무소의 뿔처럼 혼자서 갔던 마윈은 중국 최대의 부호가 되었다.

명문대 입학과 고시 합격이 성공을 의미하는 시대는 지났다. 성공과 행복의 기준도 다른 사람이 아닌 내가 정하는 것이다. 언제까지 다른 사람의 말에 갈팡질팡할 것인가.

프랑스의 수학자이자 철학자인 블레즈 파스칼은 《팡세》에서 인간을 약한 갈대에 비유하며 한 가지 조건을 덧붙였다.

"인간은 자연 가운데서 가장 약한 갈대에 불과하다. 그러나 생각하는 갈대다."

그가 말하고자 한 것은 '갈대'가 아니라 '생각'에 있다. 갈대처럼 약한 인간이 위대해질 수 있는 힘은 생각에 달려 있다. 파스칼은 생각의 힘을 이렇게 부연 설명한다.

"우리 인간의 모든 존엄은 생각에 달려 있다. 인간은 자신이 채울 수 없는 시간과 공간에 의해서가 아니라, 생각으로써 스스로를 고결하게 만들어야 한다. 그러니 제대로 생각하도록 노력하자. 여기에 도덕의 원리가 있다."

흔들리기 쉬운 갈대 같은 인간도 생각을 통해 존엄해질 수 있다. 마윈이 친구들의 반대를 무릅쓰고 창업해 커다란 성공을 이룰 수 있었던 것도 그가 인터넷의 잠재력을 생각했기 때문이다. 반대로 아이히만이 부당한 상관의 명령에 복종하고 끔찍한 전쟁 범죄를 저지를 수 있었던 것도 그가 생각을 하지 않은 것에 기인한다.

생각하자. 나의 인생이 온전히 내 것이 되도록. 소리에 놀라지 않는 사자와 같이, 그물에 걸리지 않는 바람과 같이, 흙탕물에 더럽히지 않는 연꽃과 같이 그렇게 무소의 뿔처럼 혼자서 가라.

사유하지 않는 천박함이 모든 악의 근원이다.

_한나 아렌트

# 죽음을 기억하라

이 세상에는 변하지 않는 진실이 하나 있다. 사람은 누구나 죽는다는 사실이다. 돈과 권력을 아무리 많이 가지고 있다 한들, 죽음을 피할 수 있는 사람은 없다. 죽음은 누구에게나 공평하다. 하지만 사람들은 인간이 유한한 삶을 사는 존재임을 자주 망각한다. 영원히 살 것처럼 돈에 집착하다가 정작 돈을 써보지도 못하고 하늘로 떠난다. 오랫동안 함께할 것이라고 믿었던 부모님이 갑자기 돌아가시고 뒤늦게 효도하지 못했음을 후회하기도 한다.

췌장암으로 시한부 인생을 선고받은 뒤 극적으로 회복했던 스티브 잡스는 이런 말을 남겼다.

"오늘이 내 인생의 마지막 날이라면 지금 하려고 하는 일을 할 것인가? '아니오'라는 답이 계속 나온다면 다른 것을 해야 한다는 걸 깨달았습니다. '곧 죽을지도 모른다'는 사실을 기억하는 것이 인생의 중요한 결정의 순간마다 저를 도와준 가장 중요한 도구입니다."

## ○ 로마는 어떻게 제국을 이루었나

로마는 기원전 753년 로물루스가 세운 것으로 전해진다. 이탈리아반도 중부의 조그만 마을에서 출발한 로마는 이탈리아반도와 유럽, 그리고 지중해를 넘어 북아프리카와 페르시아까지 거대한 제국을 이루었다. 모든 길은 로마로 통하게 된 것이다.

"지성에서는 그리스인보다 못하고, 체력에서는 켈트인이나 게르만인보다 못하고, 기술력에서는 에트루리아인보다 못하고, 경제력에서는 카르타고인보다 뒤떨어지는 로마인들이 왜 그토록 번영할 수 있었을까?"

역사가 에드워드 기번이 던진 이 질문에 대해《로마인 이야기》의 저자 시오노 나나미는 그 답을 '공존의 지혜'에서 찾는다. 로마인이 모든 것을 다 하려 하지 않고 다른 민족이 더 뛰어나면 그 사람에게 일을 충분히 맡겼다는 것이다.

기번이《로마제국 쇠망사》에서 지적한 것처럼 아테네와 스파

르타는 이방인과 피를 섞지 않고 시민의 순수한 혈통을 유지하려는 편협한 정책을 펼치며 도시국가의 한계를 벗어나지 못했다.

하지만 로마는 달랐다. 로마는 노예나 이방인, 적이나 야만족을 가리지 않고 모두의 장점과 미덕을 취했기에 제국을 이룰 수 있었다. 이는 로마인이 모든 것에 다 뛰어나지 않음을 인정하는 겸손함이 있었기 때문이다.

겸손함은 인간이 언젠가는 죽는 유한한 존재임을 인정하는 것에서부터 시작된다. 로마에서는 전쟁을 마치면 승리한 장군이 얼굴을 붉게 칠하고 네 마리의 백마가 이끄는 전차를 타며 시내를 가로지르는 개선식이 거행됐다.

시민들이 환호하는 가운데 행렬은 개선문을 지나 시내를 가로질러 카피톨리노 언덕에 있는 주피터 신전까지 이어졌다. 황금색 토가를 걸친 장군은 백성들의 존경과 숭배를 한 몸에 받았고, 각양각색 전리품을 운반하는 병사들과 사로잡힌 포로들이 그 뒤를 따랐다.

개선장군에게 개선식이 열리는 하루는 그가 이룬 성취를 인정받고 로마시민으로서 최상의 영예를 얻는 인생 최고의 날이다. 그런데 이 개선식에는 특이한 전통이 하나 있었다. 장군이 탄 마차에 노예가 함께 탑승하여 개선식 동안 끊임없이 메멘토 모리(죽음을 기억하라)라는 말을 속삭이는 것이다.

이는 승리에 도취된 개선장군에게 교만하지 말라는 경고였다.

"언젠가는 죽을 존재이니 너무 우쭐대지 말고 겸손하라"라는 것이다. 여기서 그치지 않고 개선장군에게 수여되는 관에는 이런 경고문구들이 적혀 있었다고 한다.

Memento mori
죽음을 기억하라

Memento te hominem esse
그대는 인간이라는 사실을 명심하라

Respice post te, hominem te esse memento
뒤를 돌아보라, 지금은 여기 있지만 그대 역시 인간에 지나지 않는다는 사실을 기억하라

로마인들은 영광의 순간에도 교만하지 말라는 충고를 되새겼다. 그것이 그들이 오랜 기간 세계를 지배할 수 있던 원동력이었다. 시간이 흘러 로마가 교만하지 말라는 충고를 잊고, 자만에 취했을 때, 제국은 몰락했다.

짧은 인생, 내 삶의 중요한 것과 중요하지 않은 것을 구별할 필요가 있다. 우선순위에 집중하여 한정된 시간을 더 가치 있게 사용해야 한다. 죽음을 기억하고 지금 이 순간을 놓치지 말자. 내가 헛되이 보낸 오늘은 어제 죽은 이가 그토록 그리던 내일이다.

# 노력은 우직하게,
# 방법은 지혜롭게

세상에는 네 종류의 사람이 있다. 가로축은 요령, 세로축은 노력을 의미하고, 각각의 사분면은 사람들의 부류를 나타낸다.

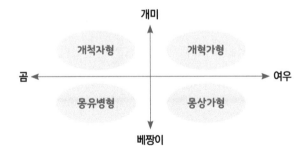

개척자형은 노력은 하지만 요령이 부족한 사람이다. 우공이산(愚公移山)의 산을 옮긴 노인처럼 시간은 다소 걸리더라도 무언가를 해내고 만다. 개혁가형은 노력에 더해 요령까지 갖춘 사람이다. 단기간에 자신이 원하는 것을 성취한다.

이에 반해 몽상가형은 요령만 있지 노력을 하지 않는 사람이다. 좋은 아이디어를 가지고 있어도 그것을 실현시키지는 못한다. 몽유병형은 노력도 없고, 요령도 없는 사람이다. 현실을 잠자듯이 몽유병 환자처럼 살아간다. 그날의 다짐과 약속은 다음 날 아침이면 잠에서 깬 듯 사라지고 만다.

누구나 현실에서 개척자나 개혁가가 되고 싶지, 몽상가나 몽유병 환자처럼 살고 싶진 않을 것이다. 그럼에도 불구하고 현실에서 많은 사람들이 개척자나 개혁가로 살지 못하는 이유는 뭘까?

○ **노력도 재능이다**

오늘날 노력이 당하는 가장 큰 오명은 '노력이 재능의 반대말'이라는 말일 것이다. 흔히 재능은 선천적으로 주어지고, 노력은 후천적으로 발휘하는 것이라 생각한다. 하지만 노력도 재능임이 분명하다. 외모와 지능, 성격은 유전된다고 생각하면서 노력은 유전되지 않는다고 생각하는 것도 난센스다.

노력하지 못했다고 스스로를 너무 자책하지 말자. 개인마다 노력할 수 있는 정도를 측정하는 노력지수가 있다면 지능지수처럼 노력지수도 사람마다 다른 것에 불과하다. 재능의 차이는 선천적인 것이니 처음부터 불공평하게 주어진 것뿐이다.

중요한 건 바꿀 수 없는 건 받아들이고 바꿀 수 있는 것을 바꾸려는 플러스 사고적인 태도다. 나의 재능이 부족하다고 자괴감에 빠질 것이 아니라 나의 재능을 향상시키려는 자세가 중요하다. 지능지수가 부족하다고 공부를 포기하는 사람은 없다. 마찬가지로 노력이 부족하면 남보다 더 열심히 우직하게 노력하면 된다.

노력과는 거리가 먼 소년이 있었다. 아버지는 어릴 때 헤어졌고, 어머니도 집 나간 지 오래였다. 월세 5만 원도 안 되는 허물어져가는 기와집에서 외할머니와 살았다. 형편은 고등학교에 올라가도 바뀌지 않았다. 부모님의 빚쟁이들은 한밤중에 집까지 들이닥치는 것도 모자라 학교까지 찾아오기도 했다. 고등학교 1학년이 끝날 때는 수학에서 25점을 받고 꼴찌를 하는 열등생이 되어 있었다.

그랬던 그가 공부에 몰입하게 된 계기가 있다. 숙제를 하며 모르는 문제가 있어 공부를 잘하던 친구에게 물으러 갔는데 모욕만 당한 것이다.

"너, 집안 형편도 어렵다며? 집에 돈이 없으면 자식 놈이라도 공부를 잘해야지. 병신 새끼, 너 낳고도 너희 부모님은 좋다고 미역국 끓여 먹었지?"

무엇인가 뜨거운 감정이 솟구쳤다. 동시에 '더 이상 공부로 무시당하지 않겠다'는 생각에 사로잡혔다.

"그냥 바뀌어보고 싶었다. 뭔가 달라지고 싶었다. 내가 어디까지 할 수 있는 놈인지 시험해보고 싶었다."

그날 이후 그는 아침에 눈을 떠서 밤에 눈을 감기까지, 손에서 책을 놓지 않았다. 밥을 먹으면서도 단어를 외웠다. 더 이상 공부에 끌려가는 것이 아니라 내가 주도해서 공부하겠다고 다짐하고 그 다짐을 실천했다.

《박철범의 공부특강》에 소개된 박철범의 이야기다. 단 한 번도 학원 강의나 과외를 받은 일이 없던 그는 오로지 혼자만의 노력으로 꼴찌에서 1등까지 올랐고, 서울대학교 공과대학에 입학했다. 치열하게 노력한 그가 꼴찌에서 1등까지 오르기까지 걸리는 시간은 단 한 학기만으로 충분했다.

# 단순히 노력하는 것만으로는 한참 부족하다

고대 그리스의 우화 모음집 《이솝 우화》에는 유명한 '토끼와 거북이 우화'가 실려 있다. 토끼와 거북이가 경주를 시작했는데 앞서가던 토끼가 느린 거북이를 보고 낮잠을 자다 거북이에게 진다는 이야기. 여기서 토끼는 게으른 사람, 거북이는 성실한 사람을 상징하며 흔히 "묵묵히 노력하는 자가 승리한다"라는 교훈으로 읽힌다.

그런데 로버트 무어의 《온 트레일스》에 소개된 체로키 인디언 마을의 설화를 보면 토끼와 거북이 우화를 재발견하게 된다. 거북이가 토끼를 이긴 건 같은데, 이긴 방법이 다르다. 이 설화에서 영리한 거북이는 모든 산꼭대기에 형제 거북이들을 대기시켜 놓는다. 그리고는 토끼가 산꼭대기에 올라갈 때마다 이미 자신이 다음 산꼭대기에 올라가 있다고 속여 넘겨 빠르다고 잘난 척하던 토끼의 콧대를 납작하게 해주었다.

노력도 중요하지만 단순히 노력하는 것만으로는 부족하다. 지혜롭게 노력하는 것이 필요하다. 애초에 토끼와 거북이의 경주에서 빠르기로 승부하면 거북이가 이기는 것이 불가능하다. 이솝우화의 거북이도 잠자는 토끼를 깨우지 않고 그냥 뛰어가서 이길 수 있었을 뿐이다. 거북이가 제아무리 달리기 연습을 한다 한들 토끼에겐 이길 수 없다.

토끼와 거북이의 속도 차이만큼 인생에서 때로는 노력만으로는 극복할 수 없는 것도 있다. 그때 필요한 것이 바로 체로키 설화의 거북이가 보여주는 '요령'이다.

20대의 나는 고시공부를 시작할 때 남들이 하는 대로 공부했다. 남들이 많이 보는 책을 보고, 남들이 많이 듣는 강의를 듣고, 남들이 쉴 때 나도 쉬고. 그렇게 남들이 불합격할 때 나도 같이 불합격했다. 하지만 30대의 나는 고시공부를 시작하며 공부 방법을 새롭게 고민했다. 과거 오랫동안 공부하면서도 실패했으니 판을 통째로 바꾸기로 했다. 제대 후 1년 안에 합격하기로 다짐했기에 최대한 효율적이고 반드시 합격하는 공부법을 찾아야 했다.

제일 먼저 최근 5년간 고시 합격자의 합격수기를 모아서 인쇄소에서 제본해 책으로 만들었다. 내가 준비하는 시험에 합격한 사람들의 조언을 참고하면 시행착오를 줄일 수 있을 거라 생각한 것이다.

합격자들의 수기를 읽다 보니 다르면서도 공통적인 부분을 발견했다. 디테일에서 어떤 책을 보고, 어떤 강의를 들었는지는 사람마다 다르지만 모두가 체계적인 계획표를 짜서 공부했고, 스스로가 주도하는 공부를 했다는 점이다.

이내 수석 합격자들의 수기에서 공통적인 부분들을 숙지하고 나만의 공부 계획을 짰다. 사람들이 많이 보는 책 중에 내가 마음에 드는 책을 골라 최대한 빨리 읽고 반복하는 주기를 줄여나갔다. 학원 강의는 시간을 너무 많이 뺏긴다고 판단해 듣지 않았다.

대신에 학원 강사들의 문제와 자료는 따로 구해서 모두 풀었다. 주관식 답안 작성 연습은 내가 스터디를 모집해서 답안을 서로 돌려보며 첨삭했다. 남들이 쉬는 주말에도 최소한의 쉬는 시간을 가지고, 공부를 병행했다.

그렇게 남들과 다르게 내가 주도적으로 1년을 공부하니 남들과 다르게 1년 만에 행정고시에 합격할 수 있었다. 비록 면접에서 떨어져서 1년을 더 공부해야 했지만, 1년 뒤에는 입법고시와 행정고시를 모두 우수한 성적으로 합격할 수 있었다.

소설가 톨스토이는 지혜를 얻는 세 가지 방법이 있다고 했다. 명상과 모방 그리고 경험이다. 소크라테스도 공자도 가르쳐주는 사람이 없었는데 인류의 스승이 됐다. 이것이 어떻게 가능했을까?

자기 안에서 솟구쳐 나오게 만드는 그 무엇, 즉 사색과 명상의 힘 덕분이다. 사색과 명상을 통해 사물의 이치를 깨달을 수 있다. 모방과 경험을 통해서도 지혜를 얻을 수 있다. 내가 직접 경험을 하거나 다른 사람이 경험한 것을 내가 모방하는 것만으로도 시행착오를 줄일 수 있다.

원대한 꿈을 가지고 꿈을 실현하기 위해서는 우직하게 노력해야 한다. 동시에 지혜롭게 노력할 필요가 있다. 호주 멜버른의 '재플슈츠'라는 샌드위치 가게는 비싼 임대료 때문에 건물 7층에 창업했지만, 온라인 결제와 낙하산 전달이라는 차별화를 통해 성공을 이루어냈다. 체로키 설화의 거북이처럼 머리를 써서 어려운 현실을 극복해낸 것이다.

신이 왜 내게 토끼보다 빠른 발을 주지 않았냐고 불평하지 말고 명상, 모방, 경험을 통해 지혜로운 거북이가 되자. 지렛대만 있으면 지구도 들 수 있다는 아르키메데스의 말처럼 지혜는 불가능해 보이는 것도 가능케 하는 지렛대가 된다.

# '우직함'과 '겸손함'을 위한 구체적인 액션플랜

## Action Plan
1. 문제의 책임은 나
2. 매일 저녁 세 가지에 감사하기
3. 고마움 표현하기
4. 비교는 그만
5. 때로는 자연 속으로 가라

심리학자 마틴 셀리그먼이 창시한 긍정심리학은 겸손함이 삶을 행복하게 만드는 데 있어 필수적인 요인이라고 본다. 겸손함은 자신의 한계를 인정하고, 타인을 존중하게 해주며 삶의 경이로움을 새롭게 발견해주기 때문이다.

미국의 사업가 빌 스완스의 저서 《책에서는 찾을 수 없는 비즈니스 규칙 33가지》에는 '웨이터의 법칙'이라는 게 있다. 당신에게는 친절하지만 웨이터에게 무례한 사람은 절대 좋은 사람이 아니라는 것이다. 한가지를 보면 열 가지를 안다고 했다. 우리나라 주요 대기업들의 매출 감소와 불매운동을 일으킨 갑질 파문은 모두 회사의 CEO가 아랫사람을 대하는 태도가 불러온 결과였다.

"부자 삼대(三代) 못 간다"라는 말이 있다. 그런데 조선 후기 300년간, 12대를 이어 부를 누린 가문이 있다. 바로 '경주 최부잣집'이다. "최부잣집 땅을 안 밟고는 경주 일대를 지날 수 없다"라는 말이 있었을 정도로 부자였던 경주 최씨 가문은 단순히 재산을 늘리는 데 급급하지 않고 덕을 함께 베풀어 주민의 존경을 한 몸에 받았다.

제1대 최진립은 임진왜란이 발발하자 동생과 함께 의병을 일으켰고, 12대 당주 최준은 가문의 모든 재산을 일제강점기 독립운동자금으로 사용했다. 해방 후에는 교육사업으로 재산을 모두 사회에 환원했다. 몇백 년을 이어온 부자 가문이 재산을 하나도 남기지 않고 사회에 환원한 것이다. 가히 한국판 노블레스 오블리주의 모범이라 할 만하다.

오랜 기간 경주 최부잣집의 명성을 이어온 비결은 최부잣집 가문이 지켜 온 가훈에 있다. 집안을 다스리는 제가(齊家)의 가훈인 육훈(六訓)과 자신의 몸을 닦는 수신(修身)의 가훈인 육연(六然)의 공통점은 '겸손함'을 잃지 말라는 것이다.

다음의 액션플랜은 우직함과 겸손함을 지키기 위하여 필요한 구체적인 행동 방안을 담고 있다. 최부잣집 가문의 가훈처럼 액션플랜을 우직하게 실천하여 겸손함의 향기를 풍기는 사람이 되고 노블레스 오블리주를 선도하는 가문의 시작이 되자.

## 1. 문제의 책임은 나

사람들은 누구나 타인으로부터 인정받길 원한다. 심리학자 매슬로가 지적한 것처럼 기본적인 생리적 욕구와 안전의 욕구가 충족되면 타인으로부터 인정받는 사회적 욕구와 존경의 욕구가 유발되는 것이다.

자기 잘못을 즉시 인정하기 어려운 것은 사람들이 나를 나쁘게 볼까 염려하기 때문이다. 그래서 나의 잘못보다는 다른 핑계거리를 찾기 시작한다.

"다른 사람들이 도와주지 않아서요."

"돈이 부족해서요."

"시간이 없어서요."

문제의 원인을 '내'가 아닌 '다른 사람'이나 '환경'의 탓으로 돌리는 건 매우 나쁜 습관이다. 단언하건대 핑계를 대는 것보다는 나의 잘못을 인정하는 것이 언제나 더 나은 결정이다.

내가 장교로 군복무하며 가장 먼저 배운 것도 문제의 책임을 나에게 돌리는 훈련이었다. 다른 핑계를 대면 이유를 묻지 않고 더 크게 혼났다. 종종 억울한 심정이 들기도 했다. 내 잘못보다는 시간이나 돈의 부족과 같은 환경적인 요인 탓이 객관적으로 더 크게 보이기도 했다.

그럼에도 불구하고 책임을 일차적으로 나에게 돌리는 훈련은 삶에서 큰 도움이 되었다. 다른 핑계 대지 않고 스스로 할 수 있는 최선을 다하다 보면 불가능해 보이는 일도 달성되곤 했다.

명심하자. 내가 하는 일에 대한 일차적 책임은 '나'에게 있다. 다른 핑계 대지 말자. 자기의 실수에 즉각적으로 용서를 구하고 상황을 개선하기 위해 노력하면 누구도 당신을 탓하지 않을 것이다. 오히려 겸손하고 솔직한 사람으로 볼 것이다.

실수가 없는 완벽한 인간은 없다. 오직 두 가지 부류의 사람만 있을 뿐이다. 자기의 잘못을 즉각 인정하고 사과하는 사람과 다른 사람 또는 환경의 핑계를 대는 사람. 당신이 상사라면 누구를 선호하겠는가?

## 2. 매일 저녁 세 가지에 감사하기

당신이 부유한 가정에서 태어나 우수한 교육을 받으며 미국 명문 아이비리그를 졸업했다고 가정해보자. 당신이 기울인 노력과 학업적 성취, 경제적 능력 등은 당신에게 많은 것을 누릴 권리를 부여할 것이다.

반대로 당신이 전쟁과 기근이 가득한 어느 오지에 태어났다고 가정해보자. 당신은 무언가를 배우려는 시도도 하지 못하고 생을 다하거나 평생을 근근이 살아나갈 것이다. 물론 이 책을 읽고 있는 현실의 당신은 양극단의 사례 중 어느 중간 지점에 서 있을 것이다. 어디까지나 가정일 뿐이지만 인생이란 원래 불공평한 것이다.

사람마다 달리는 출발선이 다름을 인정하자. 인생의 경주에서 태어난 순간 이미 출발 휘슬이 울렸다. 나의 출발선이 남보다 조금 뒤에 있다고 해도 조금 더 열심히 달리면 얼마든지 따라잡을 수 있다. 나의 출발선이 왜 뒤냐고 심판에게 항의하는 순간 당신과 앞서가는 이의 격차만 더 벌어질 뿐이다.

가진 것에 감사하자. 나의 오늘이 어제 죽은 이의 그토록 바라던 내일임을 잊지 말자. 금요일이나 추수감사절 같은 특별한 날이어서가 아니라 매일 저녁 그날의 감사주제를 찾아보자.

심리학자 셀리그먼이 개발한 '세 가지 좋은 일'이라는 행복 증진 연습이 있다. 일정 기간 매일 세 가지 좋은 일을 일기장에 적는 연습이다. 셀리그먼 교수에 따르면 15일 동안 세 가지 좋은 일을 기록한 사람들의 94퍼센트가 행복 수준에서 유의미한 향상을 보였다. 몇 사람은 이 연습만으로 심각한 우울증에서 벗어났다.

가진 것에 감사하면 겸손하게 될 뿐만 아니라 행복 수준도 향상된다는 데 감사하지 않을 이유가 없다. 오늘 저녁부터 감사한 일 세 가지를 생각하고 마음 깊이 감사하자.

## 3. 고마움 표현하기

성공한 사람들의 인터뷰에서 공통적으로 나오는 말이 있다.

"운이 좋았어요"

'운칠기삼'이라는 말에서 보듯 성공에는 실제로 운이 작용을 많이 한다. 하지만 성공이 단순히 운에 좌우된다고 말하기엔, 성공하는 사람들이 놀랍게도 비슷하다. 그들은 하나같이 긍정적인 마음가짐으로 간절함을 가지고 묵묵히 자신의 일에 최선을 다한 사람들이다. 바꿔 말하면 운칠기삼은 운이 중요한 세상에 재주가 3할이나 차지함을 역설한다.

운은 준비하는 사람만이 잡을 수 있다. 그럼에도 성공한 이들이 공을 외부로 돌리는 것은 자신의 성취가 혼자만의 힘으로 해낸 것이 아니기 때문이다. 직장 상사나 동료의 도움, 부모님의 사랑, 은사의 가르침 없이는 오늘날의 당신과 미래의 당신도 존재하지 않을 것이다.

고마운 마음은 마음속에만 담아두지 말고 적극적으로 표현하자. 고마움을 표현하는 것은 나의 성취가 나만의 것이 아님을 인정하는 것이다. 고마움을 표현하면 성공에 도취해 자만에 빠지는 걸 막을 수 있다.

제92회 아카데미 시상식에서 영화 '기생충'으로 아카데미 감독상을 수상한 봉준호 감독. 그는 수상의 영광을 마틴 스콜세지 감독에게 돌렸다. 그의 영화를 보면서 공부했는데 후보에 같이 오른 것만으로도 영광이라는 것이다.

스콜세지 감독은 해당 시상식에서 상을 받지 못했다. 하지만 봉준호 감독의 수상소감은 스콜세지 감독을 향한 뜨거운 기립박수를 이끌어냈다. 이후 봉준호 감독은 스콜세지 감독과 개인적인 편지도 주고받는 사이가 되었다. 고마움의 표현은 인간적인 유대도 강화한다.

## 4. 비교는 그만

자본주의의 원리는 '자유 경쟁'이다. 경제학의 아버지 애덤 스미스가 《국부론》에서 말했듯이 "우리가 저녁을 기대할 수 있는 것은 정육점 주인이나 양조장 주인, 빵 가게 주인의 자비로움으로부터 오는 것이 아니라, 자신의 이익을 추구하려는 그들의 관심으로부터 온다."

경쟁은 적절히 활용하면 건강하고 좋은 자극이 된다. 하지만 항상 다른 사람을 이기기 위해 투쟁한다면 결코 겸손한 사람이 될 수 없고, 자신만의 길을 우직하게 걸어갈 수도 없다. 남과 비교하는 것은 언제나 승자와 패자를 나누고 당신을 경쟁의 무한 루프 속에 가둘 것이다.

남과의 비교는 우리 안 어딘가에 열등감이 자리 잡고 있기 때문에 시작된다. 비교를 통한 우월감은 열등감이 없으면 존재할 수 없다. 학벌이나 집안, 외모 등 내 안의 열등감을 자극하는 그 사람에게도 나름의 고충이 있다. 비교는 시작하면 끝이 없다.

당신은 당신의 존재 자체만으로 충분히 사랑스럽다는 걸 기억해라. 우리의 경쟁 상대는 남이 아니라 어제의 나 자신이다. 어제보다 오늘 더, 오늘보다 내일 더 나은 자신이 되도록 노력하자.

## 5. 자연 속으로

영국의 낭만주의 시인 존 키츠는 장편시 〈라미아〉에서 차가운 과학이 무지개를 풀어헤치며 자연의 매력을 달아나게 한다고 했다. 뉴턴이 무지개를 프리즘의 색으로 환원시킴으로써 시적 감수성을 말살시켰다는 것이다.

누군가는 급격한 과학의 발전이 자연의 경이로움을 해친다 생각했지만, 오늘날에도 자연은 여전히 경이롭다. 무지개의 비밀을 우리가 알게 되었다고 해서 무지개의 아름다움이 사라지는 것은 아니다.

과학자 칼 세이건의 《코스모스》는 우리의 존재가 얼마나 미약한지 깨닫게 한다. 우리가 살아가는 지구도 우주에선 그저 창백한 푸른 점(The pale blue dot)에 지나지 않는다. 영겁 같은 무한한 우주의 시간 속에 너와 내가 살아가는 지금 이 순간도 우주적 관점에선 찰나에 불과한 것이다.

하버드 대학을 졸업한 뒤 한적한 숲속에 들어가 통나무집을 짓고 살았던 헨리 데이비드 소로는 저서 《월든》에서 이렇게 말했다.

"내가 숲속으로 들어간 것은 인생을 의도적으로 살아보기 위해서였다. 다시 말해서 인생의 본질적인 사실들만을 직면해보려는 것이었으며, 인생이 가르치는 바를 내가 배울 수 있는지 알아보고자 했던 것이며, 그리하여 마침내 죽음을 맞이했을 때 내가 헛된 삶을 살았구나 하고 깨닫는 일이 없도록 하기 위해서였다."

가까운 산 정상에라도 올라가 보자. 올레길이 아니라 둘레길이어도 좋다. 흰고래 모비딕이 아니라 하천의 송어 쇼티여도 좋다. 회색도시를 벗어나 푸르른 하늘과 녹음이 가득한 길을 산책해보자. 눈을 감고 얼굴에 스쳐가는 바람의 손길을 느껴보자.

이전부터 존재했고 이후에도 존재할 자연 속에서 시간을 보내다 보면 내가 얼마나 작은 존재인지 깨닫게 된다. 자연의 경이로움 앞에서 우리는 완전한 겸손함과 우직함을 배우게 된다.

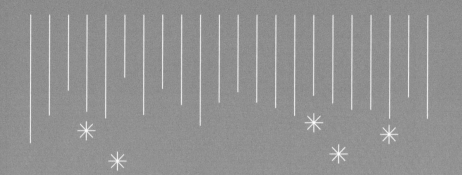

— 5장 —

# 멈추면 실패지만
# 끝까지 밀고 나가면
# 실패가 아니다

# 자꾸 시도하고 실패하다 보면
# 실패도 나아진다

실패를 해보지 않은 사람은 한 번도 새로운 일을 시도해보지 않았던 사람이다.

_아인슈타인

주디스 리치 해리스는 심리학자다. 매사추세츠주의 브랜다이스대학을 우수한 성적으로 졸업하고 하버드 대학 심리학과 대학원에 진학했으나, 박사학위 취득에 실패한 채 하버드 대학에서 쫓겨났다. 그가 쫓겨날 때 심리학과로부터 받은 편지에는 이렇게 쓰여 있었다.

"당신은 학문적 독창성과 독립성이 부족합니다. … 당신은 우리 학과가 바라는 제대로 된 전형적인 심리학자가 되기는 힘들 것 같습니다."

그럼에도 그녀는 포기하지 않았다. 어느 대학에도 소속되어 있지 않으면서도 열정과 집념으로 연구에 매달렸다. 그리고 1998년 그녀는 미국심리학회에서 가장 뛰어난 신진 연구자에게 주는 '조지 밀러상'을 수상했다.

재미있는 것은 그 상의 이름이 유명한 심리학자인 조지 밀러의 업적을 기리기 위해 제정된 상이라는 점이다. 조지 밀러는 수십 년 전 대학원생 해리스에게 공식 서한을 보내 쫓아냈던 하버드 대학의 심리학과 교수였다.

실패하고 싶은 사람은 없다. 그러나 실패가 없는 삶은 아인슈타인의 말처럼 아무것도 도전한 게 없는 삶이다. 무언가를 이루기 위해서는 실패가 반드시 동반한다. 자신이 원하는 성취를 이루기 위해서는 실패의 위험을 기꺼이 감수하려는 용기가 필요하다.

다음은 실패를 두려워하지 않고 넘어져도 오뚝이처럼 다시 일어나 자신의 삶을 개척한 사람들의 이야기다.

## ○ 세레나 윌리엄스,
### "성공을 향해 가는 길에 놓인 장벽을 무너뜨려라"

프로 테니스 선수 세레나 윌리엄스는 미국 캘리포니아 주 콤프턴의 빈민촌에서 태어났다. 아버지가 테니스 라켓을 사준 것이 계기가 되어 테니스의 길로 접어들었는데, 변변한 연습장소가 없어 아스팔트 도로를 코트삼아 연습하곤 했다.

시련은 계속됐다. 끊임없는 훈련으로 프로 무대에 데뷔했지만 흑인이라는 이유로 인종차별적인 관중들의 야유를 들어야 했으며, 여성이라는 이유로 심판으로부터 차별 대우를 받기도 했다. 하지만 그녀는 포기하지 않고 강도 높은 훈련으로 자신의 실력을 증명했으며 그 결과, 그랜드 슬램 대회에서 총 36회 우승하며 현역 여자 선수들 중 가장 많은 우승 타이틀을 보유하고 있다. 그녀는 이렇게 말한다.

"다른 사람들이 나의 약점이라고 지적했던 인종, 성별 등이 나에게는 성공을 이루는 원동력이 되었습니다. 여성들은 성공을 향해 가는 길 위에 놓인 수많은 장벽들을 무너뜨려야 합니다. 그중 하나는 우리가 남성이 아니라는 사실이 마치 우리의 약점인 것처럼 끊임없이 주입되고 있다는 점입니다. 사람들은 나에 대해 '최고의 여성 스포츠 선수'라고 말하곤 합니다. 하지만 르브론 제임스를 '최고의 남성 스포츠 선수'라고 하나요? 타이거 우즈나 로저 페더러는 어떻습니까? 왜 그렇게 말하지 않는 걸까요? 이런 일들을 절대 그냥 넘어가서는 안 됩니다. 사람은 누구나 성별이 아닌 각자가 이뤄낸 것들로 평가받아야 합니다."

○ **조지 포먼,
"넘어져도 다시 일어서는 사람이 챔피언이 될 수 있다"**

192센티미터, 110킬로그램. 압도적 신체조건으로 헤비급 복서의 트레이드 마크처럼 여겨지던 권투선수 조지 포먼은 1977년 은퇴한다. 무하마드 알리에 이어 무명의 선수 지미 영에게도 패하면서다. 이때 그의 나이 스물아홉이었다.

은퇴 후 그가 택한 삶은 개신교 목사였다. 종교적인 체험을 한 후로 청소년센터와 빈민 구제시설을 설립하며 목회활동에 힘썼다. 하지만 자금난으로 어려워지자 그는 다시 링에 오르기로 결심한다.

그의 나이 서른여덟. 선수로 치면 환갑이 넘은 나이였다. 가족조차 만류했지만 그는 실패를 두려워하지 않았다. 선수생활을 하던 때보다 더 악착같이 훈련에 임했다. 그 결과 마흔여섯의 나이에 최고령 헤비급 세계 챔피언에 오를 수 있었다.

"한 번씩 링에서 다운될 수 있다. 여러 번 다운될 수도 있다. 권투 선수라면 다운당하는 게 당연한 게 아닌가? 중요한 점은 넘어져도 다시 일어서는 사람만이 챔피언이 될 수 있다는 것이다."

**로니 스크류밸라,
"실패를 끌어안아라"**

인도의 사업가 로니 스크류밸라. 그는 돈 한 푼 없이 폐기 처리하는 칫솔 제조 기계 2대를 영국에서 들여와 대출로 공장을 짓고 사업을 시작했다. 그리고 문화산업의 잠재력을 보고 케이블 TV와 드라마, 영화 제작으로 회사를 확장한다.

이 과정에서 그는 수많은 실패를 겪었다. 그가 영화 분야로 사업을 확장하고 만든 첫 영화 〈딜 케 야로크 메인〉은 끔찍할 정도로 최악이었다. 하지만 그는 주저앉지 않았다.

"실패는 피할 수 없다. 사업을 하는 사람이 배울 수 있는 가장 어렵고 오래가는 교훈은 '훌륭한 아이디어라고 모두 성공하지 않는다'는 사실이다. 실패를 예상하고 실패를 끌어안아라. 실패가 완전한 정지가 아니라 쉼표임을 이해하라. 하나가 잘못됐다고 해서 인생 전체가 실패하는 것은 아니다. 오늘이 얼마나 끔찍한지와 관계없이 내일은 반드시 온다."

실패를 쉼표로 바라봤던 그는 자본금 한 푼 없이 시작해 억만장자가 되었다. 그는 현재 인도 최대의 미디어 기업 〈월트 디즈니 인디아〉의 회장이다.

○ **클로드 모네,
"좋아하는 일에 전념할 때 성공에 이를 수 있다"**

인상파 화가 모네는 생전에 별로 인정을 받지 못했다. 파리의 살롱은 그의 작품을 조롱하고 거부했다. 그가 그린 그림 〈인상, 해돋이〉라는 그림을 본 평단에서는 "정말로 인상만 그렸을 뿐"이라고 조롱하며 인상파라는 별명을 붙였다.

하지만 모네는 가난에 시달리면서도 자신의 화풍을 포기하지 않았다. 그 결과 세월이 흐르고 인상파의 작품이 인정받기 시작하면서 그는 정원이 딸린 저택에서 살 정도로 부유해졌다.

"나에겐 그림 그리는 것과 정원 가꾸는 것을 빼고는 좋은 것이 없다"라고 말할 정도로 그림 그리기를 좋아하던 모네. 당시 그를 조롱했던 기성 화가들의 이름은 잊혔지만 그는 지금도 '인상주의 왕자'로 기억된다.

그 밖에도 실패를 두려워하지 않고 당당히 인생에 맞선 사람들은 셀 수 없이 많다. 소설가 김영하는 신춘문예 응모에 낙방하여 비주류 계간지로 등단했으며, 스티븐 스필버그는 영화공부를 위해 서던캘리포니아대학교에 지원했으나 거절당했다. KFC의 창립자 할랜드 샌더스는 자신의 레시피를 1,009번 퇴짜 맞았고, 월트 디즈니는 첫 만화 제작과 동시에 사업 부진으로 파산했다. 하지만 누구도 이 사람들을 실패자로 기억하지 않는다.

"나는 실패한 적이 없다. 어떤 어려움을 만났을 때 거기서 멈추면 실패가 되지만, 끝까지 밀고 나가 성공을 하면 실패가 아니기 때문이다."

경영의 신으로 불리는 마쓰시타 고노스케의 말이다. 성공의 반대는 실패가 아니라 포기하는 것이다. 작은 실패를 많이 해야 성공에 다가갈 수 있다. 시도하는 데 실패하지 말고, 실패하려고 시도하라. 희곡《고도를 기다리며》의 저자 사무엘 베케트는 저서 《워스트워드 호》에서 실패를 이렇게 권했다.

"시도해보고 실패해봐도 어쨌든 자꾸 해봐. 자꾸 시도하고 실패하다 보면, 실패도 훨씬 나아지거든."

# 실패한 순간,
# 무엇을 해야 할까?

성공으로 가는 길에 실패가 필연적이라고 하더라도 막상 실패를 마주하면 기분이 좋지 않다. 머리로 실패를 이해하는 것과 심장으로 실패를 받아들이는 것은 서로 다른 문제다.

　그렇다면 실패의 순간에 무엇을 하는 것이 도움이 될까? 고통의 순간에 고통의 문제에만 집착하는 것은 바람직하지 않다. 이럴 때는 고통의 슬픔을 충분히 느끼며 표현하고, 다음 날부터 내가 해야 할 일에 집중하는 것이 좋다.

　행정고시 면접에서 떨어지던 날. 나는 너무 분하고 슬퍼서 잠을 이루기 힘들었다. 1년 동안 다시 공부할 생각을 하자니 앞이 깜깜했다. '합격을 했더라면 어땠을까' 하는 생각과 '과연 내가 합격할 수 있을까' 하는 생각이 밤새 나를 괴롭혔다.

하지만 다음 날이 되자 해는 어김없이 떠올랐다. 나를 제외한 세상은 여전히 그대로였다. 나는 바로 씻고 학교로 향했다. 많은 동료, 선·후배들이 차마 격려의 말을 건네주지 못하던 그때 나는 책상에 앉아 그냥 다시 공부했다.

책을 보다 보니 다시 마음이 평안해졌고, 나의 부족함도 보였다. 1년 더 공부하면 훨씬 더 좋은 답안을 쓸 수 있을 거란 긍정적인 생각마저 들기 시작했다. 어젯밤엔 '1년을 어떻게 더 공부하나' 하는 생각으로 죽고 싶었는데 말이다.

후기 인상파 화가 폴 고갱은 다양한 직업을 경험했다. 10대에는 선원으로 일하며 국제상선에 몸을 실었고, 20대에는 증권중개소에서 일하며 증권맨으로 능력을 발휘했다. 처음에는 직장생활을 하며 주말에 취미활동으로 그림을 그렸으나, 점점 더 그림의 매력에 빠져들었다.

1882년 프랑스의 급격한 경기불황으로 고갱은 증권회사에서 해고를 당한다. 하지만 고갱은 이 실패를 슬퍼하기보다 기회로 삼았다. 전업화가로 전향한 것이다.

직장생활을 접고 야심 차게 그림을 그리기 시작했으나 고갱의 현실은 녹록지 않았다. 인지도 하나 없는 신인 작가에 불과한 그의 그림을 사려는 사람이 없었기 때문이다. 그는 생계를 위해 방수 원단 공장에서 일하는 것은 물론, 벽보를 붙이는 일도 마다하지 않으며 그림을 그려나갔다. 당시 그의 심정은 이랬다.

"지금 나는 용기도 재능도 부족하다. 곡물 창고로 가서 목을 매는 게 낫지 않은가 매일 자문한다. 그림만이 나를 지탱해준다."

고난 속에서 고갱이 할 수 있는 것은 그저 그가 좋아하는 그림을 그리는 것이었다. 예술가로서의 그의 삶은 고통이 있었지만 그의 작품은 시간이 지날수록 인정받기 시작했다. 소설 《달과 6펜스》의 주인공이기도 한 고갱의 작품들은 이후 파블로 피카소나 앙리 마티스와 같은 작가들에게 영감을 주었으며, 상징주의를 대표하는 작가 중 한 명으로 회화뿐아니라 조각, 판화, 도예, 저술 등의 다방면에서 작품을 남겼다. 후기 인상파의 대표 화가로 자리매김한 그는 표현주의, 야수주의, 원시주의, 추상주의 회화의 씨앗이 된다.

"해야 할 일을 해."

디즈니 애니메이션 〈겨울왕국2〉에서 안나가 한 말이다. 언니 엘사와 눈사람 올라프가 모두 자기를 떠난 상황에서 안나는 좌절하며 슬픔에 잠겨 운다. 하지만 아렌델 백성들을 생각하며 이내 일어선다. 이렇게 노래하면서.

"길을 잃었고, 희망도 사라졌지만 그래도 계속 나아가서 해야 할 일을 해야 해."

길도 잃고 희망도 사라졌지만 해야 할 일을 하는 것. 슬픔에 지지 않고 지금 당장 할 수 있는 일부터 하나하나 해내는 것. 그것이 당장의 실패를 극복하게 해주는 힘이다.

# 삶에 방해가 되는 것이
# 곧 길이 된다

일본의 종합 가전제품 생산회사 파나소닉은 지극히 개인적인 이유에서 시작됐다. 창업자는 몸이 약했기 때문에 회사 근무가 맞지 않았다. 보수가 일당 지급이라 쉬면 끼니를 걸러야 했다. 쉬더라도 조금이나마 먹고살 수 있어야 한다는 참으로 사소한 동기가 사업을 시작한 이유였다.

직원은 창업자 부부와 창업자의 처남이 전부였다. 하지만 작은 가정집에서 시작한 사업은 연매출 80조가 넘는 세계 굴지의 대기업으로 성장했다. 파나소닉의 전신 마쓰시타 전기의 창업자 마쓰시타 고노스케는 자신의 성공 비결을 세 가지 은혜 덕분이라고 했다.

"나는 하늘이 준 세 가지 은혜 덕분에 크게 성공할 수 있었다. 첫째, 집이 몹시 가난해 어릴 적부터 구두닦이, 신문팔이 같은 고생을 통해 세상을 살아가는 데 필요한 많은 경험을 쌓을 수 있었다. 둘째, 태어났을 때부터 몸이 몹시 약해 항상 운동에 힘써 왔기 때문에 건강을 유지할 수 있었다. 셋째, 나는 초등학교도 못 다녔기 때문에 모든 사람을 나의 스승으로 여기고 누구에게나 물어가며 배우는 일에 게을리하지 않았다."

'가난'과 '허약체질', '배우지 못함'. 이 세 가지가 하늘이 준 은혜라는 것이다. 톨스토이의 작품《안나 카레니나》는 이렇게 시작한다.

행복한 가정은 서로 닮았지만,
불행한 가정은 모두 저마다의 이유로 불행하다.

성공에 있어서도 마찬가지다. 실패한 사람들은 저마다의 핑곗거리를 대지만, 성공한 사람들의 성공 비결은 디테일은 달라도 결국 하나의 이야기다. 역경에 굴하지 않고 간절한 집념으로 꿈을 이룬 이야기.

김동연 전 기획재정부 장관은 어려운 환경에서 자란 자신을 돌아보며 고통을 '위장된 축복'이라 표현했다. 너무 힘들어 나를 무너뜨리기도 했던 환경이 인내와 감사를 가르쳐 주었다는 것이다. 시련은 마음의 근력을 키워주는 자양분이다. 누군가에겐 실패의 변명거리가 누군가에겐 성공의 이유가 된다.

## ○ 실패는 간절함을 일으키는 가장 큰 원동력이다.

앞서 간절함을 일으키는 액션플랜으로 몇 가지 방법을 소개했지만 실패만큼 강력한 인생의 동기부여는 없다. 《해리 포터》시리즈의 작가 조앤 롤링은 대학을 졸업하고 대단한 실패를 맛보았다. 결혼생활은 얼마 못 가 파탄 났고, 졸지에 직장도 없이 자식을 키우는 형편이 됐다. "노숙자를 제외하고는 현대 영국 사회에서 더할 수 없이 가난한 사람이 됐다"라고 고백한 그녀는 2008년 하버드대학교 졸업식에서 실패가 그녀의 인생에 미친 영향을 이렇게 말했다.

"저는 더 이상 허세를 부리지 않고 제 자신을 직시하게 되었으며, 제가 가장 중요하다고 생각하는 한 가지 작업에 제 모든 에너지를 쏟을 수 있게 되었습니다. 만일 제가 다른 분야에서 성공을 거뒀더라면 진정 제가 원하는 분야에 온 힘을 쏟으려는 생각조차 하지 않았을 것입니다. 제가 자유로워질 수 있었던 것은 가장 큰 두려움이 현실이 되었기 때문입니다. … 밑바닥을 봤기 때문에 그 위에 제 인생을 다시 세울 수 있었습니다."

## ○    실패는 또한 나를 겸손하게 해준다

세상은 경험한 대로 보인다. 다른 사람이 배가 고픈지 모르는 사람은 인간과 세상을 보는 안목이 생길 리가 없다. 공감 능력은 스스로 겪어봐야 생긴다. 실패를 겪으면 겪을수록 '어려운 사람들'이 보이고 성공이 나 혼자만의 덕이 아님을 알게 된다. 실패하지 않고 인생 앞에 겸손하기란 어려운 법이다.

송나라 학자 정이는 인간의 세 가지 불행으로 다음의 세 가지를 꼽았다.

① **소년등과**(少年登科): 어린 나이에 과거에 급제하여 높은 자리에 오르는 것.
② **석부형제지세**(席父兄弟之勢): 대단한 부모, 형제를 만나 그 권세를 끼고 사는 것.
③ **유고재능문장**(有高才能文章): 뛰어난 재주에 문장력을 갖춘 것.

그럼에도 여전히 빠른 출세와 물려받는 재산, 뛰어난 재능을 부러워하고 있는 사람이 있을지도 모르겠다. 하지만 역사를 통해 전해지는 오래된 교훈은 말한다. 실패 없이 주어지는 성공은 사람을 교만하게 만들고 비참한 결말을 초래할 뿐이라고.

## ○    그리고 실패는 포기하지 않는 끈기를 길러준다

불은 쇠를 강하게 만들고 햇볕이 뜨거우면 뜨거울수록

곡식은 좋은 결실을 맺는다. 실패를 거치지 않은 사람은 작은 시련에도 주저앉으나, 실패를 경험한 사람은 학습이 되어 큰 시련도 이긴다. 실패는 고통이라는 바이러스를 이겨내는 백신과 같다.

맹자의 〈고자장하〉에는 이런 대목이 나온다.

하늘이 장차 큰 임무를 사람에게 맡기려 하면 반드시 먼저 그 마음과 뜻을 괴롭히고, 뼈마디가 꺾어지는 고난을 당하게 하며, 그 몸과 살을 굶주리게 하고, 그 생활을 빈궁에 빠뜨려 하는 일마다 어지럽게 한다. 이는 그의 마음을 두들겨서 참을성을 길러 주어 지금까지 할 수 없었던 일도 할 수 있게 하기 위함이니라.

충무공 이순신 역시 문과 공부를 하다 당시 나이로는 늦은 22세에 진로를 바꿔 무과 공부를 시작했다. 6년 후인 28세에 무과에 응시했으나, 말에서 떨어져 낙방한다. 그가 무과에 급제한 것은 그로부터 4년 뒤인 32세. 공부를 시작한 지 10년만이었다. 젊어서부터 고난을 극복해낸 경험은 이순신을 주위 신하들의 모함에도 흔들리지 않는 강인한 사람으로 만들었다.

각종 수상내역으로 가득 찬 이력서에는 나오지 않는 스펙이 하나 있다. 인생을 살아오며 겪은 좌절과 절망, 실패와 고통 같은 것이다. 그런 상황을 극복하기 위해 얼마나 절실한 마음으로 살

왔는지, 어떤 열정을 가지고 어떻게 노력했는지 이력서는 말해주지 않는다.

하지만 이력서에는 빠진 그런 내용이 더 중요할 때가 많다. 학력이나 경력보다 훨씬 더 소중한 인생의 경험이나 지혜가 그 속에 숨어 있기 때문이다.

실패는 당신의 소중한 스펙이다. 연은 순풍이 아니라 역풍에 가장 높이 난다.

# 실패로부터
# 자존감을 회복하는 법

자존감이란 말 그대로 자기를 존중하는 마음이다. 이는 스스로 가치 있는 존재임을 인식하고 인생의 역경에 맞서 삶에서 성취를 이뤄낼 수 있다고 믿는 자기 확신이다. 자존심이 '타인과의 비교를 통한 긍정'이라면 자존감은 '있는 그대로의 모습에 대한 긍정'을 의미한다.

자존감의 힘은 과학으로도 증명된다. 마음이 평온하면 활발하게 분출되는 것이 세로토닌인데 자존감이 높은 사람은 남과 비교하지 않기 때문에 열등감에 빠지지도 않고, 쉽게 스트레스를 느끼지도 않는다. 반대로 자존감이 낮아 세로토닌이 부족해지면 우울해진다.

연세대학교 연구팀에 따르면 자존감은 끈기와도 유의미한 관계가 있다. 서울 소재 대학 학부생을 대상으로 한 실험에서 낮은 자존감을 가진 참가자들은 실패를 경험했을 때 성공을 경험한 경우에 비해 더 적은 시간 동안 창의력 문제를 풀었다. 반면에 높은 자존감을 가진 참가자들은 실패 경험과 성공 경험 간 과제 지속 시간의 차이가 없었다.

문제는 실패가 자신이 목표로 한 것을 이루지 못한 것이므로 자존감을 떨어뜨리기 쉽다는 것이다. 실패로부터 자존감을 회복하는 가장 좋은 방법은 새롭게 도전해서 성공하는 것이다. 무언가에 실패해도, 실패로부터 교훈을 얻고 다른 것에 성공하면 자존감은 채워진다. 여기서도 '작게, 더 작게'의 법칙이 적용된다. 작은 것부터 성공해나가는 것이 쉽다.

그중 책 읽기가 가장 대표적인 방법이다. 책에는 다양한 실패 사례와 성공사례가 담겨 있다. 책을 읽고 지금 내가 할 수 있는 것 중 작은 것 하나부터 실천해나가면 성취감을 맛볼 수 있다. 사실 책을 한 권 다 읽는 것 자체만으로도 이미 무언가를 해낸 것이다.

스스로 부족하다고 생각하는 분야에 관한 책부터 파고들자. 인상 깊은 글귀는 메모하거나 사진을 찍어도 좋다. 마음에 드는 책은 한두 권 골라 옆에 두고 반복해서 보아라.

실패로 떨어진 자존감은 작은 성공으로 회복할 수 있다. 노력이 성공으로 이어지면 다시 그 기분을 느끼고 싶어 노력하게 된다. 사소해 보일지라도 무언가 성공을 경험해보자.

성공은 멀리 있는 게 아니며, 영웅은 다른 게 아니다. 나와의 약속을 지키는 것이 성공의 시작이며, 아침 일찍 일어나겠다고 결심하고 이불을 박차고 일어나는 당신이 바로 영웅이다.

미국의 소통이론 전문가 폴 스톨츠는 IQ보다 역경지수가 높은 사람이 성공한다고 말한다. '역경지수(AQ, Adversity Quotient)'란 많은 역경에 굴하지 않고 목표를 이루어나가는 도전정신을 지수화한 수치를 말한다.

그가 역경지수를 강조하며 높은 역경지수를 가진 사람들의 특징으로 말한 것은 다음의 세 가지다.

1. 그들은 자신에게 닥친 역경이나 실패를 다른 사람에게 책임을 돌리거나 비난하지 않는다.
2. 그들은 역경이나 실패가 자신 때문에 생겼다고 스스로를 비난하거나 비하하지 않는다.
3. 그들은 자신들이 직면한 어려운 문제들은 얼마든지 해결하고 헤쳐 나갈 수 있다고 긍정적으로 믿는다.

당신의 역경지수는 어떠한가? 자존감을 가지고 실패를 교훈으로 삼아 나아간다면 앞서의 실패는 성공을 위한 거름이 될 뿐이다. 더 많이 도전하고, 더 자주 실패하여 더 빨리 성공하라.

# 게임 중독에서
# 벗어날 수 있었던 비결

나는 게임중독자였다. 해가 지고 저녁이 되면 신림동 PC방에서 밤을 새웠다. 야간의 요금이 더 저렴했기 때문이다. 그러다 날이 밝고 남들이 가방을 메고 학원에 가고, 독서실에 갈 때 나는 잠을 자러 집으로 향했다.

죄책감이 들지 않은 것은 아니지만 PC방은 당장의 피난처였다. 불확실하고 불투명한 미래에 대한 압박감을 PC방에 가서 게임을 하며 잊었다. 하루가 이틀이 되고, 이번 주까지가 이번 달까지가 되고 시간은 쏜살같이 지나갔다.

나의 20대는 그렇게 우울한 나날의 연속이었다. 우울하니 우울함을 잊으러 다시 PC방을 찾게 되고 악순환이었다. 그런 내가 어떻게 우울함에서, 중독의 악순환에서 벗어날 수 있었을까?

## ○ 중독의 메커니즘

《손자병법》에서는 "지피지기 백전불태(知彼知己 百戰不殆)"라고 했다. 적을 알고 나를 알면 백 번을 싸워도 위태롭지 않다. 나를 파괴하는 중독으로부터 자유로워지려면 먼저 중독이 어떻게 일어나는지부터 파악해야 한다.

중독이란 특정 행동이 건강과 사회생활에 해가 될 것임을 알면서도 반복적으로 하고 싶은 욕구가 생기는 집착적 강박이다. 게임이나 쇼핑, 알코올, 도박, 포르노, 마약에 이르기까지 중독이 나타나는 양상은 다양하다. 그런데 도대체 무엇 때문에 스스로의 삶을 파괴할 정도로 중독이 되는 걸까?

우리 뇌는 어떤 행동이 즐거움을 주면 그 행동을 반복하고 싶은 욕구가 강화된다. 이를 동기 강화라고 하는데, 이는 도파민 시스템의 보상 학습으로 이루어진다.

코카인과 같은 중독성 물질은 뇌 변연계에 직접적으로 작용하여 흥분을 느끼게 하고 행동의 강화를 부추긴다. 또한 그런 물질이 아니더라도 게임에서 이겼을 때 느끼는 짜릿함, 평소 갖고 싶던 물건을 지를 때 경험하는 충만감, 도박에서 크게 땄을 때의 쾌

감도 뇌 신경 회로를 강화한다. 그래서 점차 그 행동에 중독되는 것이다.

중독과 관련해 간단한 실험이 하나 있다. 쥐를 한 마리 가두어 놓은 상태로 일반 물병과 약물 물병을 둔다. 그러면 대부분의 쥐들은 약물이 들어있는 물병에 집착했다. 약물에 중독된 쥐들은 죽어가면서까지도 더 마시려고 했다.

그런데 1970년에 심리학자 브루스 알렉산더가 이러한 현상에 의문을 품었다. 실험의 전제조건으로 쥐가 철창에 혼자 갇혀있다는 점에 대해서 말이다. 그래서 그는 환경적인 요소를 바꾸어보기로 한다.

일명 쥐 놀이공원, 쥐의 천국을 만들었다. 그곳은 색색의 공과 돌아다닐 터널이 가득한 우리였다. 함께 뛰어놀 많은 친구들이 있고 짝짓기도 내키는 대로 할 수 있었다. 쥐가 원할만한 모든 것이 있는 장소인 것이다. 그리고는 똑같이 물병 두 개를 주고 실험을 했다.

그러자 신기한 일이 일어났다. 이 쥐 공원에서는 쥐들이 약물이 든 물병을 좋아하지 않았다. 어떤 쥐도 강박적으로 약물을 섭취하지 않았고 과다복용하지도 않았다. 혼자 고립되어 있을 때는 거의 100퍼센트의 중독증상을 보였다가 행복한 삶을 살 때는 0퍼센트로 떨어진 것이다.

이와 비슷한 실험이 인간에게도 실행되었다. 바로 베트남전쟁이다. 베트남 전쟁에 참여한 20퍼센트의 미군들은 대량의 헤로인을 사용하고 있었다. 미국인들은 두려웠다. 전쟁이 끝나고 백만 명이 넘는 마약중독자가 미국으로 돌아오면 끔찍한 결과가 나타날 거라 예상했다. 하지만 전쟁에서 돌아온 군인들을 보고한 연구결과서는 놀라운 결과를 보여준다.

돌아온 군인의 95퍼센트는 집으로 돌아오자 어떠한 도움도 없이 약물사용을 멈췄다. 그들은 금단현상도 없고 심지어 재활원으로 보내지지도 않았다. 전쟁 후 친구와 가족들이 있는 집으로 돌아간 것이 외로운 철창에서 놀이공원으로 나간 쥐 실험과 같은 효과를 본 것이다.

우리가 행복하고 건강할 때 우리는 다른 사람들과 함께한다. 하지만 우리가 그럴 수 없을 때 우리는 사람과의 관계가 아닌 다른 무언가로부터 위로를 받으려 한다. 그것이 게임이든, 쇼핑이든, 술이든. 중독은 현실의 삶이 고통스러울 때 우리 뇌가 택하는 도피처이다.

브루스 알렉산더의 실험이 주는 교훈은 중독의 근본적인 원인이 교류의 결핍에서 나타난다는 것이다. 따라서 중독에서 탈출하는 일차적인 방법은 무너진 내 삶의 교류를 회복하는 데서 시작해야 한다.

내가 게임에 중독된 이유도 그랬다. 인생에서 처음으로 가족과 떨어져 지내며 무엇보다 외로움을 많이 느꼈다. 누구나 처음 얼마간은 견딜 수 있다. 하지만 시간이 지나면서 외로움이 걷잡을 수 없이 커지니 위로받을 무언가가 필요했다. 나에겐 그것이 게임이었다.

반대로 내가 게임을 끊을 수 있었던 이유도 간단했다. 고시공부를 접고 부모님이 계신 집으로 돌아가 허전한 마음이 채워지자 게임 생각이 나지 않았다. 나이가 차서 군대에 입대한 것도 도움이 됐다. 장교로 군대에서 직장생활을 하며 끊어진 사람과의 교류가 회복된 것이다.

중독을 끊고 싶으면 먼저 사람과의 관계부터 회복하자. 중독의 반대는 관계다. 세상은 SNS로 그 어느 때보다 긴밀하게 연결돼 있지만 오히려 단절은 늘어나고 있다.

물론 이것만으로는 충분하지 않다. 중독은 현실도피형 중독과 습관형 중독으로 나눌 수 있다. 관계에서 비롯되는 것이 현실도피형 중독이라면 습관형 중독은 동기 강화를 통해 부정적인 행동이 이미 습관으로 굳어진 걸 말한다.

자기계발 전문가 제임스 클리어가《아주 작은 습관의 힘》에서 밝힌 것처럼 습관은 신호 → 열망 → 반응 → 보상의 네 단계로 형성된다. 먼저 어떤 신호가 뇌를 자극하면 그에 대한 열망이 반응을 이끌어내고 열망이 충족되는 보상을 통해 습관이 형성된다는 것이다.

내 경우에도 고향 집으로 돌아온 뒤 하루 종일 PC방에서 사는 현실도피형 중독의 문제는 해결되었지만, 습관형 중독의 문제는 여전히 남아 있었다. 이전만큼은 아니지만 여유시간이 생기면 다시 PC방에 가서 게임을 하는 것이다. 이러한 습관형 중독에서 벗어나기 위해서는 습관이 만들어지는 단계별로 전략을 세울 필요가 있다.

○ **1. 신호: 보이지 않게 만들어야 한다**

심리학자 월터 미셸의 '마시멜로 실험'을 떠올려보자. 마시멜로 유혹을 참은 아이와 참지 못한 아이의 차이는 '의지력'이 아닌 '지각'에서 비롯된 것이었다. 유혹을 참지 못하고 바로 먹은 아이들은 마시멜로를 계속 쳐다봤고, 유혹을 이겨낸 아이들은 마시멜로를 탁자 위에 없는 것처럼 행동하며 유혹의 대상에 대한 관심을 분산시켰다.

커피 전문점 스타벅스의 로고에 그려진 세이렌의 이야기도 마찬가지다. 세이렌은 배를 타고 항해하는 선원들을 노래로 유혹해 바다에 빠져 죽게 하는 인어다. 호메로스의 서사시 《오디세이아》에서 주인공 오디세우스는 세이렌이 사는 섬을 무사히 지나갔는데 그 비결은 선원들에게 밀랍으로 만든 귀마개를 껴 노래를 듣지 못하게 한 것이었다.

## 2. 열망: 매력적이지 않게 만들어야 한다

중독적인 행동을 하는 것이 나에게 좋지 않은 영향을 준다는 것을 인식하고 열망을 줄이는 것이다. 중독적인 행동에 대한 열망을 줄이는 것이 어렵다면 반대로 고치고 싶은 행동을 대체할 수 있는 다른 행동에 대한 열망을 더 크게 키우는 것도 또 하나의 방법이다.

## 3. 반응: 실행에 옮기기 어렵게 만들어야 한다

열망을 느낀다고 해도 행동에 옮기기 어렵게 만듦으로써 습관형 중독을 끊을 수 있다. 신라 시대 김유신 장군은 술 취한 자신을 업고 습관처럼 기생집을 향하던 말의 목을 단숨에 베었다. 그가 주색잡기에서 벗어나지 못했다면 삼국통일의 역사는 달라졌을 것이다. 습관형 중독에서 벗어나기 위해서는 생활 속에서 그 행동을 실행에 옮기기 어렵도록 환경을 바꿀 필요가 있다.

## 4. 보상: 불만족스럽게 만들어야 한다

설사 행동에 옮겼더라도 그것이 쾌감보다는 불쾌감을 주도록 만들면 된다. 내가 아는 한 사람은 컴퓨터 게임에 중독되었다가 불쾌한 경험을 게임과 연계하여 중독에서 벗어났다. 게임을 오래 하다 보니 머리가 어지러운 걸 종종 느꼈는데 그 기분을 게임과 연계시킨 것이다. 이후에는 게임을 보기만 해도 머리가 어지러운 게 연상되어 자연스럽게 게임과 멀어졌다.

이를 한눈에 정리하자면 다음과 같다.

## 습관형 중독에서 벗어나는 법

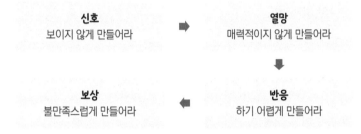

내가 게임이라는 습관형 중독에서 완전히 벗어날 수 있었던 방법은 이랬다. 먼저 나는 게임과 관련된 영상을 즐겨 봤는데, 해당 영상을 보면 꼭 하고 싶은 욕망이 들었다. 신호가 열망으로 이어지는 것이다. 그래서 관련 유튜브와 영상을 보는 것부터 끊었다(신호). 그리고 다른 취미활동을 만들었다(열망). 게임 대신에 영화 감상을 취미로 삼아 게임이 하고 싶으면 영화를 봤다. 또한 PC방에 가지 못하도록 가족에게 감시를 부탁했다(반응). 게임을 자주 하다 보니 시력이 나빠지고 거북목이 생겼는데 게임을 이러한 부정적 이미지와 연상시키기도 했다(보상). 그 결과, 나는 나를 괴롭히던 중독으로부터 완전히 벗어날 수 있었다. 자유로워진 것이다.

게임이든 술이든 나쁜 생활습관이든 삶을 파괴하는 중독으로부터 내 삶을 지켜낼 필요가 있다. 한 번뿐인 인생을 중독으로 소비하는 것은 얼마나 안타까운 일인가.

생각해보라. 당신이 인생에서 하고 싶고 또 할 수 있는 일이 얼마나 많은지. 게임중독으로 인생을 낭비하던 나는 중독에서 벗어나고 고시 2관왕이 되었다. 당신의 잠재력도 무궁무진하다.

# 멀리 가려면
# 잠시 쉬어가라

심리학자 로이 바우마이스터 교수는 자기통제 연구의 선구자다. 자기통제 연구와 관련된 유명한 실험에서 그는 실험 참가자들을 고문했다. 초콜릿 쿠키를 구운 냄새가 가득한 실험실에서 배고픈 상태의 참가자들에게 무작위로 초콜릿 쿠키 또는 날 것 그대로인 생무가 담긴 접시를 준 것이다. 참가자들은 자신에게 주어진 음식만을 먹어야 했다.

식사 후 참가자들은 방을 옮겨 문제를 풀었다. 쉽게 풀 수 있다는 설명과 함께 주어진 그 문제는 사실 해답이 없었다. 얼마나 오래 끈기를 발휘하는가를 측정하려고 한 것이다. 결과는 어땠을까?

초콜릿 쿠키를 먹은 참가자들은 평균 20분 동안 풀리지 않는 문제에 매달렸다. 반면 생무를 받았던 불운한 참가자들은 겨우 평균 8분만을 견뎠을 뿐이다. 문제풀이를 시도한 횟수도 초콜릿 쿠키를 먹은 참가자들이 유의미하게 더 많았다.

바우마이스터의 결론은 이렇다. 자기통제력은 근육과 비슷하게 작동한다. 너무 많이 사용하면 기진맥진한다. 초콜릿 냄새가 풍기는 방에서 초콜릿 쿠키 대신 생무만 먹으려면 어느 정도의 자기통제력이 요구된다. 그러니까 그 이후에는 풀기 힘든 문제에 노력을 기울일 기력이 남지 않은 것이다.

자기통제력과 강한 의지는 우리의 기대보다 훨씬 빨리 소모되는 한정된 자원이다. 바우마이스터 교수는 이를 '자아 고갈 이론'이라 명명했다.

여기서 우리는 왜 성공한 사람들이 외도에 빠지는지, 우리가 퇴근하고 무절제한 야식이나 TV시청에 몰두하는지 알 수 있다. 자신의 업무에서 강한 의지력을 발휘하고 난 뒤에는 통제력을 잃은 자아 고갈 상태에 빠지기 쉬운 것이다.

자아 고갈 이론이 우리에게 주는 시사점은 아무리 강한 의지도 휴식 없이 계속 쓰다가는 고갈되어 슬럼프에 빠질 수 있다는 것이다. 동시에 필요한 순간에 집중력을 잘 발휘하기 위해서는 제한된 의지력을 적절히 잘 배분해 쓰는 '선택과 집중'이 요구된다.

○ **휴식의 놀라운 위력**

　　휴식은 일상의 고민과 걱정을 버리는 시간이다. 아무것
도 하지 않아도 고민과 걱정을 하지 않는 것만으로도 스트레스
가 해소된다. 페이스북의 창업자 마크 저커버그가 옷을 고르는
고민을 하지 않기 위해 매일 같은 티셔츠를 입는 것도 이유가
있다.

　　휴식의 위력은 단순히 육체적인 재충전을 하는 데 그치지 않
는다. 휴식은 창의적인 사고에도 도움이 된다. 뇌가 휴식을 취할
때 청소되고 정리되면서 연결되기 때문이다. 우리가 휴식을 취하
면서 뜻밖의 아이디어를 떠올리는 것도 이 때문이다.

　　고대 그리스의 수학자이자 물리학자인 아르키메데스. 그는 어
느 날 왕에게 금관의 진위를 확인하라는 지시를 받았다. 장인이
만든 금관이 순금인지 왕이 의심한 것이다. 왕의 명령으로 연구
에 몰두하지만 방법을 쉽게 찾을 수 없었다.

　　답답한 마음에 아르키메데스는 잠시 머리를 식힐 겸 목욕탕을
갔다. 그리고 뜻밖의 이 장소에서 금관의 불순물을 찾아낼 방법
을 생각해낸다. 물속에 몸을 넣자 넘쳐흐르는 물을 보고 왕관의
부피를 잴 부력의 원리를 발견한 것이다.

　　"유레카!"

역사적으로 보면 아이디어는 휴식을 할 때 나온 경우가 많다. 철학자 임마누엘 칸트는 아이디어가 떠오르지 않을 때 산책을 즐겨 하던 것으로 유명하다. 위대한 과학자 뉴턴이 우주의 비밀을 발견한 것도 사과나무 아래에서 휴식을 취할 때였다.

뇌과학자 마커스 라이클 교수는 휴식의 이러한 효과를 '디폴트 모드 네트워크(Default mode network)'로 설명한다. 컴퓨터의 초기 설정 모드(Default mode)처럼 우리의 뇌가 아무것도 하지 않을 때 오히려 활성화되는 뇌 부위가 있다는 것이다.

그는 우리 뇌의 활동사진을 찍어 우리가 아무것도 하지 않을 때 두정엽과 전전두엽, 측두엽은 오히려 활발해진다는 사실을 발견했다. 디폴트 모드 네트워크는 평소에는 서로 연결되지 못한 뇌의 각 부위가 휴식을 통해 연결되어 창의성과 통찰력을 높여 준다고 말한다.

몸의 근육을 키우기 위해서도 휴식은 필수적이다. 휴식 없이 운동을 계속하면 근육 내의 피로 물질이 축적되어 근육의 재합성을 방해하기 때문이다.

휴식이 단순히 개인에게만 유용한 것은 아니다. 조직의 입장에서도 휴식은 업무의 능률을 증진시킨다. MIT 미디어랩의 알렉스 펜틀랜드 교수는 휴게실에서 나누는 수다가 사소한 잡담으로 끝나는 게 아니라 회의실보다 더 자유로운 소통을 불러와 업무의 효율을 증진시키는 걸 발견했다. 이를 워터쿨러 효과(Water cooler effect)라고 한다. 즉, 정수기가 있는 휴식 공간에서의 수다가 사내 의사소통을 촉진하여 긍정적인 효과를 불러온다는 것이다.

빌 게이츠는 1990년대부터 지금까지 매년 '생각 주간(Think week)'을 보내는 것으로 유명하다. 그는 1년에 한두 번 한적한 호 숫가의 별장에서 외부로부터 단절된 채 일주일간 여러 주제의 책을 읽고 생각을 정리하는 자기만의 휴식 시간을 가진다. 마이 크로소프트의 웹브라우저 익스플로러, 태블릿 PC, 온라인 비디 오게임 시장 진출도 이 생각 주간에서 얻은 아이디어를 바탕으 로 탄생한 것이다.

바쁨은 생각할 여지를 주지 않는다. 3M에 근무하던 아서 프 라이가 포스트잇의 아이디어를 떠올린 것도 사무실 의자가 아닌 교회 의자에 앉아 찬송을 부를 때였다.

신하들에게 독서휴가를 주던 세종대왕과 빅토리아 여왕에서 빌 게이츠, 아서 프라이에 이르기까지. 우리 몸의 신체적 반응이 나 자아 고갈 이론, 워터쿨러 효과, 디폴트 모드 네트워크 등이 말하는 것은 한결같다. 바로 인간에게는 휴식이 필요하다는 것이 다. 물론 단거리 경주에서 휴식은 불필요할 수 있다. 하지만 장거 리 경주에서 멀리 가기 위해서는 휴식이 반드시 필요하다.


○     **나만의 휴식 방법을 만들어라**

휴식을 취하는 방법은 다양하다. 그중 나에게 딱 맞는

휴식법을 찾는 것이 중요하다. 먹고 싶은 음식을 먹거나, 부족한 잠을 더 자거나, 산책을 하며 걷거나, 목욕을 하거나, 보고 싶은 영상을 보는 것 등.

천천히 좋아하는 음식을 먹는 것도 휴식을 통한 재충전이 될 수 있다. 《습관의 재발견》의 저자 스티븐 기즈는 자아 고갈의 주된 이유 중 하나가 혈당 수치라고 말한다. 혈당이 하락하면 자아 고갈, 즉 의지력이 고갈된다는 것이다.

이는 반대로 말하면 혈당의 수치를 올려서 의지력을 회복시킬 수 있다는 것이다. 내가 고시공부를 할 때도 포도당 캔디를 두고 집중력이 떨어질 때 하나씩 먹곤 했다.

여기에서 새삼 다이어트가 얼마나 힘든 것인지 알 수 있다. 다이어트를 하려면 단식을 위한 의지력이 필요한데 혈당이 떨어지면 의지력도 함께 떨어지니 말이다. 이 어려운 역설의 과제를 해내는 사람만이 다이어트에 성공한다.

한편, 수면은 포도당의 요구를 낮추고 혈관 속의 포도당을 전체적으로 활성화시킨다. 뇌는 포도당만을 에너지원으로 사용하는데 피로와 수면 부족은 포도당 활성화 과정을 방해한다. 그러므로 충분한 수면이 필요하다. 다른 게 아니라 잠이 보약이다.

공부를 하면서 내가 많이 고민했던 부분도 수면시간을 얼마로 정하느냐였다. 수면시간이 길어 스트레스를 많이 받았기 때문에 수면과 관련된 책만 숱하게 읽었다. 결론은 사람마다 다르다. 확실한 건 자신이 일상에서 집중력에 방해받지 않는 최소한의 시간만큼은 잠을 자야 한다는 것이다.

미국수면재단의 권장 수면시간은 성인 기준 7~9시간이다. 물론 사람마다 조금씩 다를 수는 있다. 어떤 이는 4시간만 자고도 아무런 지장을 받지 않기도 한다. 하지만 평균적으로 적정 수면시간은 7시간 내외로 여겨진다.

나의 경우 잠을 줄이기도 해봤는데 내가 집중력을 잃지 않는 최소 수면시간은 6시간 30분에서 7시간 사이였다. 그보다 적게 자면 집중력이 떨어지거나 낮잠에 깊이 빠져들었다. 그래서 7시간 내외는 꼭 잠을 잤다.

잠자는 시간을 아까워하지 마라. 깨어 있는 시간에 온 정신을 다해 몰입하면 시간은 충분하다. 시간이 부족하다고 잠을 줄이는 학생들이 꼭 집중해서 공부하지 못한다. 더구나 잠을 자는 동안에도 우리의 뇌는 기억을 정리하기 때문에 학습의 측면에서도 수면시간은 충분히 보장되어야 한다.

나에게 잘 맞는, 나만의 휴식 방법을 만들어라. 휴식을 취해야 하는데 어떤 휴식을 취할지 고민하는 것도 휴식을 방해한다. 정해진 방법은 없다. 내가 정말 좋아하는 것이면 된다. 나만의 휴식 방법을 루틴으로 만들면 몸도 정신도 최대한의 재충전이 가능해진다.

참고로 내가 고시공부할 때의 주말 루틴은 다음과 같았다. 핵

심은 매주 주말이 오면 이 루틴대로 고민 없이 충분한 휴식을 취할 수 있었고, 그 휴식방법이 나에게 가장 달콤한 보상이었다는 점이다.

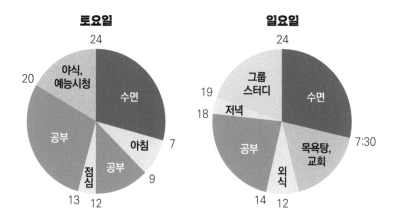

# 2보 전진을 위한 1보 후퇴

목표를 향해 노력하는 과정에는 예기치 못한 손님도 온다. 바로 '슬럼프'다. 슬럼프란 원래 운동의 연습 과정에서 운동에 대한 의욕을 상실하며 성적이 저하되는 시기를 말하는데, 오늘날엔 의욕 상실과 성적 저하에 일반적으로 사용된다. 슬럼프의 원인은 다양하다. 피로의 누적이나 성적에 대한 심리적 압박, 미래에 대한 두려움, 초심을 잊어버린 자만심 등도 원인이 될 수 있다. 중요한 건 슬럼프가 목표 달성에 가까워질수록 찾아오기 쉽다는 것이다.

누구나 크든 작든 슬럼프가 오기 마련이다. "슬럼프에 빠지지 않으려면 어떻게 해야 할까?"라는 질문은 하지 마라. 나는 기본적으로 슬럼프에 빠지지 않는 방법은 없다고 생각한다. 슬럼프에 빠졌을 때 어떻게 극복하는지가 중요하다.

먼저 슬럼프를 자연스럽게 받아들여라. 오히려 슬럼프가 왔다면 축하할 일이다. 목표를 향해 노력하지 않는 사람은 슬럼프도 없다. 높은 목표를 가지고 노력하고 있기 때문에 슬럼프가 오는 것이다.

김수안 서울대 심리학과 박사의 논문 〈프로야구 선수의 탄력성 연구: 역경 극복 과정을 중심으로〉는 6시즌 이상을 뛴 프로야구 선수 175명의 성적을 분석했다. 이 논문에 따르면 슬럼프 횟수나 시간은 선수의 성적과 무관했다. 스타급 선수라고 슬럼프를 덜 겪거나 무명 선수라고 슬럼프를 더 자주 겪는 건 아니었다. 10년간 선수생활을 한 경우 타자의 경우 평균 1.3년, 투수의 경우 평균 1.98년씩 슬럼프를 경험했다.

프로야구 롯데 자이언츠의 손아섭 선수는 데뷔 2년 차이던 2008년, 타자로서 최고의 기량을 선보였다. 80경기에 출전해 3할 3리를 쳤다. 몸값은 뛰고 팬들의 기대를 한 몸에 받았다. 그런데 이듬해 그는 추락했다. 타율이 1할 8푼까지 곤두박질쳤다. 그의 회상이다.

"갑자기 공이 잘 맞지 않는 이유를 모르겠더라고요. 이전 성적에 자만하지 않았고, 자신도 있었고, 무엇보다 열심히 했거든요.

나중엔 내 실력이 정말 이 정도밖에 안 되는 게 아닐까 자책하게 됐어요."

그는 시즌을 마치고 타격 코치를 찾아갔다. 남들은 "잠깐 반짝한 것이었네"라며 수군댔지만 극복할 자신이 있었다. 정밀 분석 끝에 원인이 나왔다. 문제는 타격 자세였다. 손아섭은 타격 자세를 고쳐 잡았고, 2010년 시즌에서 타율 3할대로 다시 올라섰다.

슬럼프를 극복한 선수들은 말한다. 현실을 직시하고 코치를 따로 찾아가 조언을 받거나 새로운 방법을 시도하는 등 적극적으로 변화를 수용했더니 슬럼프가 자연스레 사라졌다고.

슬럼프에 빠지면 원인이 무엇인지 먼저 종이에 써보자. 원인을 모르면 대처도 할 수 없다. 하나씩 원인을 써 가다보면 "뭐야, 이런 건 아무것도 아니었잖아"라고 생각 되는 일이 꽤 있다.

해결할 수 있는 문제는 그때그때 바로 해결해버리면 된다. 또 해결할 수 없는 건 나중에 다시 보기로 하고 잠시 접어두자. 지금 당장 해결하지도 못할 문제를 놓고 고민하는 것은 스트레스만 될 뿐이다.

나의 경우 의욕이 떨어지는 슬럼프가 오면 가까운 서점에 가서 나에게 자극이 되는 책을 샀다. 책상에 앉아 힘든 역경을 극복해낸 사람들의 이야기를 읽다 보면 자연스레 의욕이 다시 살아나곤 했다.

슬럼프를 벗어나는 정해진 답은 없다. 확실한 건 누구나 슬럼프가 올 수 있다는 것이다. 슬럼프를 자연스럽게 받아들이고 다시 노력하면 된다. 바닥을 찍는다는 건 다르게 말해 이제는 올라갈 일만 남았다는 것이다. 김수안 박사의 논문에서 슬럼프를 극복한 대부분의 선수는 이전 시즌에 비해 성적이 오히려 향상됐다. 레전드는 슬럼프로 만들어진다.

# 포기하고 싶을 때
# 마지막 한 걸음만 더

"날 뽑아주십시오. 워싱턴을 뒤흔들어놓겠습니다."

미국의 선거캠페인에서 짧은 스포츠형 머리로 등장한 노신사는 노골적인 지지 요구 발언을 쏟아냈다. 두 눈에는 열정이, 목소리에는 자신감이, 태도에는 기품이 있었다. 1992년 대선에서 국민들은 공화당도 민주당도 아닌 무소속의 그에게 20퍼센트에 가까운 지지를 보냈다.

미국 대선에서 무소속 돌풍을 일으켰던 로스 페로의 이야기다. 그는 IBM 텍사스 댈러스지부의 젊은 영업사원이었다. 첫 직장인

IBM에서 페로는 단숨에 이 회사 역사상 최고의 세일즈맨이 된다. 1962년에는 그해 영업목표를 1월이 지나기 전에 이미 달성하기도 했다. 그랬던 그가 회사를 박차고 나오며 창업한 이유는 뭘까?

페로는 컴퓨터를 팔면서 동시에 컴퓨터를 구입할 여유가 없는 다른 회사에 여유분을 빌려준다는 혁신적인 아이디어를 생각해 냈다. 곧바로 건의서를 작성해 상사에게 보고했지만 계획이 부적합하다며 거절당했다. 낙담한 그가 향한 곳은 이발소였다.

댈러스의 한 이발소에서 〈리더스 다이제스트〉를 넘겨 보던 페로는 작가 헨리 데이비드 소로의 "대다수의 인간은 조용한 절망의 인생을 산다"라는 글을 읽게 된다. 그리고 결심한다. 내 운명의 주인이 되겠다고.

IBM의 최고 영업 사원이었던 그는 과감하게 IBM을 떠나며 기업에 컴퓨터를 대여해주고 서비스를 도와주는 업체 EDS를 창업한다. 세계 최초의 IT서비스 업체가 등록되는 순간이었다.

자신이 창업자이자 직원인 1인 기업의 길은 험난했다. 77번이나 사업 제안을 하고 거절당하는 우여곡절을 겪은 끝에 계약을 성사했다. 그 이후 회사는 초고속 성장을 한다. 페로를 표지인물로 다룬 〈포춘〉지는 그를 '가장 빨리, 가장 큰 부자가 된 텍사스인'이라 표현했다. 로스 페로는 자신이 창업하여 성공에 이른 비결을 이렇게 말했다.

"대부분의 사람들은 성공하기 직전에 포기한다. 그들은 게임의 마지막 순간에 포기한다."

동트기 전이 가장 어둡다. 어둠 속에서 헤매다가도 때가 되면 해는 떠오르기 마련이다. 인생의 터널을 지날 때 깜깜한 어둠이 영원히 이어질 것처럼 보이더라도 우직하게 한 발짝 한 발짝 내밀어 걷다 보면 찬란한 빛이 당신을 기다리고 있을 것이다.

# 인생에 후회하지 않을 자신 있는가?

오늘날 전 세계에서 가장 영향력 있는 민족을 꼽으라면 단연 유대인이 꼽힌다. 전 세계 인구의 0.3퍼센트에 불과한 그들이 노벨상 수상자와 최고의 명문 아이비리그 학생의 30퍼센트를 차지한다. 마크 저커버그, 스티브 잡스, 빌 게이츠, 알베르트 아인슈타인, 스티븐 스필버그 등 경제·과학·문화 등 모든 방면에 걸쳐 그 이름이 오르내리지 않는 곳이 없다.

유대인의 성공비결을 연구한 많은 학자들은 그 요인을 '교육의 힘'이라 이야기한다. 식탁에서 나누는 대화가 토론교육의 시작이며《토라》,《탈무드》등을 배우며 역사를 공부하고 지혜를 배운다는 것이다.

유대인의 지혜서《미드라시》에는 다음의 일화가 전해진다. 어느 날 다윗 왕이 궁중 세공인에게 이런 명령을 내렸다.

"나를 위해 아름다운 반지를 하나 만들어라. 반지에는 내가 승리를 거두어 기쁨을 억제하지 못할 때, 그것을 차분하게 다스릴 수 있는 글귀가 새겨져야 한다. 또한 내가 크나큰 절망에 빠졌을 때는 용기를 줄 수 있는 글귀라야 한다."

어떤 상황 속에서도 마음을 다스릴 수 있는 글귀가 새겨진 반지 하나를 만들 것을 명령한 것이다. 반지 세공인은 아무리 고민해도 아이디어가 떠오르지 않자 지혜롭기로 유명한 다윗 왕의 아들, 솔로몬 왕자를 찾아가서 여쭤본다. 그러자 솔로몬이 했던 말. "이 또한 지나가리라."

피겨 스케이팅 선수 김연아는 힘들었던 시기마다 이 글귀가 위로와 힘이 되었다고 말했다. 사실 이것은 비단 김연아만의 좌우명이 아니다. 골프여제 박세리도 메이저리거 박찬호도 이 말을 되뇌며 슬럼프를 극복했다.

물리학에서 임계점(critical point)이란 물질의 구조와 성질이 다른 상태로 바뀔 때의 온도와 압력을 말한다. 가령 99도까지는 온도를 아무리 높여도 액체가 기체로 바뀌지 않는다. 하지만 임계점인 100도를 넘어서면 액체는 기체로 변화한다.

질적 전환이 이루어지기 위해서는 무엇보다 임계점에 도달하는 것이 중요하다. 아무리 뜨거워도 임계점에 도달하지 않은 상태에선 물이 기체로 바뀌지 않는다. 아무리 열심히 노력했다 하더라도 99도에서 포기해버리면 질적 전환은 이루어지지 않는 것이다.

피겨여왕 김연아는 자서전 《김연아의 7분 드라마》에서 이렇게 말했다.

"훈련을 하다 보면 늘 한계가 온다. 근육이 터져버릴 것 같은 순간, 숨이 턱까지 차오르는 순간, 주저앉아 버리고 싶은 순간…. 이런 순간이 오면 가슴 속에서 뭔가가 말을 걸어온다. '이 정도면 됐어', '다음에 하자', '충분해' 하는 속삭임이 들린다. 이런 유혹에 문득 포기해버리고 싶을 때도 있었다.

하지만 이때 포기하면 안 한 것과 다를 바 없다. 99도까지 열심히 온도를 올려놓아도 마지막 1도를 넘기지 못하면 영원히 물은 끓지 않는다고 한다. 물을 끓이는 건 마지막 1도, 포기하고 싶은 바로 그 1분을 참아내는 것이다. 이 순간을 넘어야 그다음 문이 열린다. 그래야 내가 원하는 세상으로 갈 수 있다."

미국의 심리학자 앤젤라 더크워스도 성공의 비결로 끝까지 해내는 힘, '그릿(GRIT)'을 강조한다. 성장(Growth), 회복력(Resilience), 내재적 동기(Intrinsic motivation), 끈기(Tenacity)의 앞글자를 따 그릿이라 부르는 근성이 재능보다 중요하다는 것이다.

하지만 사실 새로울 것도 없다. 열정과 집념, 포기하지 않는 끈기가 성공의 비결이라는 건 역사를 통해 증명된 오래된 진리다. 열정을 뜻하는 영어 단어 'Passion'도 '참다, 견디다'라는 뜻의 라틴어 'Pati'에서 유래했다.

대나무는 4년 동안 고작 30센티밖에 자라지 않지만, 5년째가 되는 순간 하루에 1미터씩 폭발적인 성장을 한다. 잊지 말자. 포기하고 싶을 때 내딛는 마지막 한 발걸음이 질적 전환을 이루어 내는 커다란 도약이 될 수 있다.

포기하고 싶은 마음이 들 때면 한번 자신의 내면의 목소리에 귀기울여보자.

"인생에 후회하지 않을 자신 있는가?"

# '끈기'를 위한
# 구체적인 액션플랜

Action Plan
1. 한 번에 하나씩!
2. 지금 당장 행동에 옮겨라
3. 이기는 습관을 만들어라
4. 옆구리를 찔러라
5. 포기할 건 포기해라

사람들은 다른 사람의 선택에 민감하다. 주말에 마트에만 가도 알 수 있다. 특정 물건을 판매하는 곳에 사람들이 많으면 이유는 모르지만 일단 관심이 간다. 맛집도 그렇다. 길게 줄을 선 모습을 보면 왠지 나도 그곳에 더 가고 싶은 욕구가 든다.

책이나 영상도 마찬가지다. 베스트셀러나 유명인사의 강의는 패리스

힐튼처럼 유명한 것으로 유명해진다. 그런데 같은 책을 보고, 같은 강의를 들으면서도 성공하는 사람과 실패하는 사람으로 나뉘는 이유는 뭘까?

심리학자 캐럴 드웩 교수는 이에 대한 답을 '마인드셋(Mindset)'에서 찾는다. 마음가짐의 차이라는 것이다. 그는 마음가짐을 '고정 마인드셋(Fixed mindset)'과 '성장 마인드셋(Growth mindset)'의 두 가지 부류로 나누고, 여러 사례에서 성장 마인드셋을 가진 사람의 성공 확률이 훨씬 높다고 말한다. 고정 마인드셋과 성장 마인드셋의 차이는 다음과 같다.

|  | 고정 마인드셋 | 성장 마인드셋 |
|---|---|---|
| 전제 | 지능은 정해져 있다 | 지능은 성장할 수 있다 |
| 욕구 | 남들에게 똑똑해 보이고 싶다 | 더 많이 배우고 싶다 |
| 실패 | 한 번 실패는 평생의 실패 | 성장의 발판 |

⬇

|  | 고정 마인드셋 | 성장 마인드셋 |
|---|---|---|
| 도전 | 도전을 피한다 | 도전을 받아들인다 |

⬇

|  | 고정 마인드셋 | 성장 마인드셋 |
|---|---|---|
| 역경 | 쉽게 포기한다 | 맞서 싸운다 |

당신의 마음가짐은 어떤가? 성장 마인드셋인가, 고정 마인드셋인가. 캐럴 드웩의 연구는 실패를 배움의 기회로 삼아 포기하지 않는 사람들이 장기적으로 더 좋은 성과를 낸다는 걸 보여준다. 여기 끈기를 위

한 액션플랜은 당신의 성장 마인드셋을 위한 구체적인 방안을 제시한다.

## 1. 한 번에 하나씩!

많은 사람이 새해가 되면 새해 계획을 세운다. 하지만 한 해가 마무리될 때 새해 계획이 실천되는 경우는 적다. 목표를 적게 세우고 초과달성하기보다는 목표를 많이 세우고 하나도 달성하지 못하는 경우가 대다수다. 욕심 때문이다.

프랭클린 플래너로 유명한 시간관리의 대명사 벤자민 프랭클린은 자기관리를 위한 열세 가지 덕목을 만들었다. 중요한 건 자기관리를 철저히 했던 그도 한 번에 모든 걸 다 할 수 없다는 걸 알고 있었다는 점이다. 그는 일주일에 하나씩 열세 가지 덕목을 자신의 것으로 만들기 위해 노력했다. 1년은 52주이므로 열세 개의 덕목을 매주 하나씩 실천하면 1년간 총 네 번을 반복할 수 있었다.

언제까지 했을까? 1년을 하고 만족했을까. 프랭클린의 노력은 50년간 이어졌다. 한 가지 덕목당 무려 200번을 반복한 것이다. 그가 끈기있게 반복할 수 있었던 비결은 목표를 일주일에 하나씩 나누어서 했기 때문이다.

시간관리 전문가 데이비드 앨런은 한 번에 하나씩 해야 하는 이유를 이렇게 설명한다.

"신의 영감을 받고 싶은 순간이 오더라도 고양이 사료가 떨어졌다면 그것부터 해결하는 게 좋다. 그렇지 않으면 고양이 사료에 정신이 팔려서 신이고 뭐고 찾을 수 없을 테니까 말이다."

## 2. 지금 당장 행동에 옮겨라

심리학자 로이 바우마이스터와 그의 팀은 실험 참가자를 모집하고 피실험자들을 세 집단으로 나눠 2주 동안 다음과 같은 미션을 주었다. 첫 번째 집단은 자세 교정을 한다. 생각날 때마다 구부정한 허리를 펴고 자세를 바르게 하는 것이 과제였다. 두 번째 집단은 자기가 먹은 음식을 모두 기록한다. 섭취한 모든 음식물을 자세하게 기록하도록 했다. 세 번째 집단은 긍정적인 생각과 감정을 유지한다. 우울할 때마다 긍정적인 생각을 하려고 노력한다.

2주가 지난 뒤 이들의 자제력 테스트 결과는 어땠을까? 연구자들은 세 번째 집단의 자제력이 증가하리라 예상했다. 통계의 신뢰도를 높이기 위해 세 번째 집단의 인원수도 더 많이 뽑아서 실험을 행했다.

결과는 의외였다. 실험 결과는 세 번째 집단만 의지력 향상을 보이지 않은 것으로 나타났다. 반면에 첫 번째, 두 번째 집단에서는 의지력 상승을 관찰할 수 있었다. 긍정적인 생각만으로는 사람들의 행동에 있어 어떠한 변화도 이끌어낼 수 없었다.

긍정적인 사고나 생생하게 꿈꾸는 것이 쓸모없다고 말하려는 게 아니다. 플러스 사고는 우리의 가슴을 뛰게 하고, 동기 부여를 일으키는 데 반드시 필요하다. 다만 끈기와 자기 절제, 의지력을 키우기 위해서는 꿈을 꾸는 것이 아니라 지금 당장 행동하는 것이 필요하다. 훈련이 끈기를 만든다.

해리포터는 가상의 마법사지만 여기 현실의 마법사가 있다. 바로 데이비드 블레인이다. 그가 행한 마법 같은 일들은 다음과 같다.

- 17분 4초 동안 물 안에서 숨 참고 있기
- 공원에 있는 높이 24미터, 지름 60센티미터 기둥에서 안전 장비 없이 36시간 서 있기
- 타임스퀘어에서 자신을 얼음덩이에 넣고 3일 밤낮을 얼음조각처럼 버티기
- 유리상자 안에서 물만 마시며 44일 지내기
- 산 채로 관에 들어간 채 묻혀서 일주일 동안 물만 마시며 지내기

사람들이 물었다. 이렇게 강한 인내심을 가질 수 있는 비결이 뭐냐고. 그의 대답은 단순했다.

"마술사로서 저는 사람들에게 불가능해 보이는 것을 보여주려 노력하고 있습니다. 제가 숨을 참는 것이든, 카드를 섞는 것이든 마술은 아주 간단하다고 생각합니다. 그건 연습이고 훈련입니다."

## 3. 이기는 습관을 만들어라

테니스 선수 라파엘 나달은 서브를 넣기 전에 항상 같은 루틴을 보이는 것으로 유명하다. 그의 서브 루틴은 다음과 같다.

- 땅을 고른다.
- 라켓으로 두 발을 턴다.
- 엉덩이에 낀 바지를 뺀다.
- 양어깨를 만진 뒤 귀와 코를 번갈아 만진다.
- 공을 튕긴다.

만약에 그가 서브를 넣을 때마다 다른 행동을 하면 어떨까? 분명 많지
는 않겠지만 조금은 집중력이 분산될 것이다. 그는 서브를 넣기 전의
준비 행동도 철저히 루틴으로, 습관으로 만들어 조그만 신경도 쓰지
않는다. 정신력을 모두 상대방을 이기는 데에만 쏟은 나달은 테니스
그랜드슬램 대회를 20회 우승했다.

습관의 힘은 여기에 있다. 습관은 여러 번 반복하여 자동적으로 실행
되는 행동이다. 별도의 의지력이 요구되지 않는다. 자아 고갈 이론이
말한 것처럼 우리의 의지력은 제한되어 있는데 습관이 의지력의 소모
를 막아줄 수 있는 것이다.

생텍쥐페리의 소설《어린 왕자》에 나오는 여우는 아무 때나 찾아오는
왕자에게 일정한 의식이 필요하다고 했다. 작가 메이슨 커리도《리추
얼》에서 위대한 창조자들에게는 습관처럼 반복되는 일정한 의식, 리
추얼(Daily rituals)이 있었다고 말한다.

이기기 위해서는 이기는 습관을 만들어야 한다. 반복되는 행동은 습
관으로 만들어라. 습관은 당신의 의지력이 필요한 순간에 필요한 만
큼 발휘되게 도와줄 것이다.

## 4. 옆구리를 찔러라

넛지(Nudge)는 원래 '팔꿈치로 슬쩍 찌르다', '주위를 환기시키다'라
는 뜻이다. 노벨경제학상을 수상한 미국의 행동경제학자 리처드 탈러
는 그의 저서《넛지》에서 이를 '사람들의 선택을 유도하는 부드러운
개입'이라고 새롭게 정의한다. 예를 들어 학교 영양사가 교내 식당에
서 음식의 위치를 바꾸는 것만으로도 특정 음식의 소비량이 25퍼센

트 증가하거나 감소했다.

새로울 것도 없다. 넛지는 사람이 얼마나 자신을 둘러싼 환경에 영향을 많이 받는지를 보여주는 것뿐이다. 맹자의 어머니도 자녀 교육을 위해 세 번이나 이사 가지 않았던가. 북유럽의 변방 스웨덴은 서울시 인구수의 사람들만 사는 인구 소국이지만, 노벨상을 주는 나라이기에 전 세계 다양한 문학작품이 스웨덴어로 번역되고, 덕분에 문학 강국이 되었다.

조직행동론 전문가인 댄 히스와 칩 히스 형제가 《스위치》라는 책에서 소개한 사례를 보자. 연구팀은 영화관을 찾는 손님에게 설문조사에 응하는 것을 조건으로 무료 팝콘과 음료를 제공했다. 대신 일부는 중형 용기에 팝콘을 받았고, 일부는 대형 용기에 팝콘을 받았다. 중형이든 대형이든 팝콘 용기는 매우 커서 자신의 몫을 모두 먹은 관객은 없었다. 영화가 끝나고 관객들이 먹은 팝콘의 양은 어땠을까?

물론 대형 용기를 받은 관객들이 더 많이 먹었을 것이라 추측된다. 그런데 얼마나 더 먹었을까? 큰 용기 팝콘을 받은 사람들은 작은 용기 팝콘을 받은 사람들보다 무려 53퍼센트나 더 많은 양을 섭취했다. 영화도 바꿔보고 장소도 바꿔보며 실험했지만 결과는 변하지 않았다. 연구팀은 결론을 내린다.

"큰 그릇을 받은 사람들이 더 많이 먹는다."

자수성가한 백만장자 엠제이 드마코도 그의 저서 《언스크립티드》에서 "전투지를 올바르게 파악하라"라고 말했다. 때로는 자기 자신과 싸우는 것보다 환경을 통제하는 것이 더 효과적이라는 것이다. 가령 살을 빼고 싶은 사람들의 전투지는 어디일까? 많은 사람들이 부엌이라고 대답하지만, 실제 전투지는 마트다. 맛있는 걸 잔뜩 사 놓은 순간 이미 진 것과 마찬가지라는 것이다. 자신의 통제력을 과대평가해서는 안 된다. 우리는 자신의 생각보다 훨씬 더 환경에 영향을 받는다.

줄탁동시(啐啄同時). 알 속의 병아리가 껍질을 깨뜨리고 나오기 위해서는 알 속의 병아리와 알 밖의 어미 닭이 안팎에서 함께 쪼아야 한다. 외부에서 쪼는 어미 닭의 노력도 필요한 것이다. 당신이 포기하지 않도록 환경이 계속 옆구리를 찌르도록 만들어라.

## 5. 포기할 건 포기해

2016년 삼성은 카메라 사업을 포기한다. 삼성은 1970년대부터 40년 가까이 카메라 사업을 의욕적으로 전개해왔다. 2009년에는 디지털 카메라업계 3위까지 올라섰기에 삼성의 이 같은 결정은 많은 사람들을 아쉽게 했다.

하지만 삼성은 당장의 디카보다는 스마트폰의 잠재력이 크다고 봤다. 삼성은 이후 디카사업에서 축적한 이미지센서와 광학설계 노하우를 갤럭시 스마트폰에 고스란히 녹여냈다. 디카 개발을 포기한 대신 이미지센서와 모듈에 역량을 집중한 삼성은 이제는 이미지센서 선두인 소니를 맹추격하고 있다.

실패에도 좌절하지 않는 끈기가 필요하지만, 포기할 건 포기할 줄 아는 지혜도 필요하다. 즉석사진기 시장을 지배했던 폴라로이드는 다른 기업들이 디지털카메라를 개발하는 동안에도 아날로그 카메라에 머무르다 2001년 파산을 신청했다.

그리스 신화의 이카루스는 새의 깃털과 밀랍으로 만들어진 날개를 달고 태양 가까이 계속해서 다가가다 날개가 녹아 추락한다. 포기해야 할 때 포기하지 않는 것은 집착을 떠나 스스로를 파괴한다. 과거 사법고시가 있던 시절, 열정을 잃었음에도 오랫동안 고시에만 매달리다 실패한 장수생이 사회문제가 되었다.

포기해야 할 때 포기하는 것은 부끄러운 게 아니다. 2010년 1억 2,000만 대로 정점을 찍었던 세계 디지털카메라 판매량은 이후 곤두박질해 2019년에는 1,500만 대가량으로 쪼그라들었다.

포기할 건 포기하는 자가 살아남는다. 포기할 건 포기하고, 포기하지 말아야 할 건 절대 포기하지 말아라.

# 이제, 나의 새로운 막(Act)이 시작된다!

지구를 의미하는 글로브(Globe). 셰익스피어는 자신이 세운 극장의 이름을 글로브라고 지었다. 지구를 하나의 연극 무대로 보았기 때문이다. 인간이라는 뜻의 영어 단어 '펄슨(Person)'도 라틴어로 가면을 뜻하는 '페르소나(Persona)'에서 유래했다.

인간은 가면을 쓴 배우와도 같다는 것이다. 고전문헌학자 배철현은 이를 가식적인 존재라는 말이 아니라 '우주에서 자신에게 맡겨진 유일한 배역을 알고 있는지, 그것을 알았다면 최선을 다했는지를 묻는 존재'라는 뜻이라고 해석한다.

자기에게 맡겨진 배역(part)을 알고 최선을 다한 사람의 무대는 박수갈채가 쏟아진다. 반대로 자신의 배역에 불성실하게 임하면 무대에서 퇴장당할 수도 있다. 중요한 건 연극의 모든 막이 내리기 전까지는 아직 끝난 게 아니라는 점이다. 셰익스피어는 인생을 7막으로 나누었는데, 누구에게나 아직 시작되지 않은 새로운 막이 기다린다. 지나간 과거의 실패와 후회는 잊자. 2,000여 년 전의 철학자 세네카는 《평정심에 관하여》에서 망상 대신 목표를 향해 집중하라고 권한다.

"당신의 모든 노력을 한곳에 집중하십시오. 그리고 그 목표를 항상 눈으로 볼 수 있도록 곁에 두십시오. 우리를 방해하는 것은 사람들의 행위가 아니라 그 사건들에 대한 망상입니다."

내 인생의 주인공은 바로 나임을 명심하자. 다른 사람이 대신 살아주는 것도, 대신 책임지는 것도 아니다. 내가 선택하고 내가 행동한 대로 인생은 결정된다. 인생에 단 한 번이라도 모든 걸 걸어본 적이 있던가? 후회 없이 모든 걸 걸고 인생의 새로운 막을 열어보자.

이제, 나의 새로운 막이 시작된다!

인생이란 무대에서 어떤 배역을 맡을지는 지금, 당신에게 달려 있다.

## | 참고문헌 |

강상구, 《1년만 미쳐라》, 좋은책만들기, 2006.

강원국, 《강원국의 글쓰기》, 메디치미디어, 2018.

강현정·전성은, 《거창고 아이들의 직업을 찾는 위대한 질문》, 메디치미디어, 2015.

글배우, 《지쳤거나 좋아하는 게 없거나》, 강한별, 2019.

김경준, 《세상을 읽는 통찰의 순간들》, 원앤원북스, 2019.

김동연, 《있는 자리 흩뜨리기》, 쌤앤파커스, 2017.

김민태, 《나는 고작 한번 해봤을 뿐이다》, 위즈덤하우스, 2016.

　　　　《일생의 일》, 쌤앤파커스, 2013.

김병완, 《공부에 미친 사람들》, 다산북스, 2019.

김원영, 《실격당한 자들을 위한 변론》, 사계절, 2018.

김성호, 《일본전산 이야기》, 쌤앤파커스, 2009.

김수안, 《레전드는 슬럼프로 만들어진다》, 스리체어스, 2017.

김순덕, 《마녀가 더 섹시하다》, 굿인포메이션, 2003.

김이재, 《내가 행복한 곳으로 가라》, 샘터, 2015.

김성오, 《육일약국 갑시다》, 21세기북스, 2016.

김연아, 《김연아의 7분 드라마》, 중앙출판사, 2010.

김일형, 《칼 비테 교육법》, 차이정원, 2017.

김주환, 《그릿》, 쌤앤파커스, 2013.

김태연, 《사람들은 나를 성공이라는 말로 표현한다》, 밀알, 2001.

기타 야스토시, 《마음에 사심은 없다》, 한국경제신문, 2019.

나카지마 사토시, 《오늘, 또 일을 미루고 말았다》, 북클라우드, 2017.

노태권, 《공부의 힘》, 21세기 북스, 2014.

다니엘 핑크, 《언제 할 것인가》, 알키, 2018.

대니얼 리버먼·마이클 롱, 《도파민형 인간》, 쌤앤파커스, 2019.

댄 히스·칩 히스,《스위치》, 웅진지식하우스, 2010.

도스토예프스키,《백치》, 열린책들, 2009.

로니 스크류벨라,《더 멀리 가려면 더 빨리 실패하라》, 크로스북스, 2019.

로버트 무어,《온 트레일스》, 와이즈베리, 2017.

로이 F.바우마이스터·존 티어니,《의지력의 재발견》, 에코리브르, 2012.

리처드 도킨스,《무지개를 풀며》, 바다출판사, 2008.

리처드 탈러·캐스 선스타인,《넛지》, 리더스북, 2018.

리타 엠멋,《세상의 모든 굼뱅이들에게》, 뜨인돌출판사, 2001.

마커스 드 사토이,《우리가 절대 알 수 없는 것들에 대해》, 반니, 2019.

미하이 칙센트미하이,《몰입의 즐거움》, 해냄출판사, 2010.

박돈규,《월요일도 괜찮아》, 은행나무, 2017.

박미희,《아이의 재능에 꿈의 날개를 달아라, 폴라북스, 2008.

박용삼,《테드, 미래를 보는 눈》, 원앤원북스, 2017.

박종훈,《역전의 명수》, 인플루엔셜, 2017.

박철범,《박철범의 공부특강》, 북스토리, 2009.

배철현,《심연》, 21세기북스, 2016.

        《수련》, 21세기북스, 2018.

샤를 페팽,《단 한 걸음의 차이 자신감》, 미래타임즈, 2019.

스티븐 기즈,《습관의 재발견》, 비즈니스북스, 2014.

신동준,《리더의 비전》, 미다스북스, 2017.

아놀드 홍,《간헐적 단식? 내가 한 번 해보지!》, 한국경제신문, 2019.

알렌산더 데만트,《시간의 탄생》, 북라이프, 2018.

엠제이 드마코,《언스크립티드》, 토트, 2018.

유한준·이종욱,《손정의 리더십》, 북스타, 2018.

이고은·신현정, 〈속담에 내포된 전통적 시간조망과 현대 한국인의 시간조망〉, 한국민족문화 53
호, 2014.

이나모리 가즈오,《왜 일하는가》, 서돌, 2010.

이영표,《생각이 내가 된다》, 두란노, 2018.

이지훈,《결국 이기는 힘》, 21세기북스, 2018.

이토 마코토,《석세스 코드》, 젠북, 2007.

임춘성, 《당신의 퀀텀리프》, 쌤앤파커스, 2018.

장대은, 《새벽에 읽는 유대인 인생 특강》, 비즈니스북스, 2019.

장용·옌추친, 《양쯔강의 악어》, 강단, 2015.

전광, 《백악관을 기도실로 만든 대통령 링컨》, 생명의말씀사, 2003.

전옥표, 《지금 힘들다면 잘하고 있는 것이다》, 2013.

정민, 《오직 독서뿐》, 김영사, 2013.

정시몬, 《세계사 브런치: 원전을 곁들인 맛있는 인문학》, 부키, 2015.

정희재, 《어쩌면 내가 가장 듣고 싶었던 말》, 갤리온, 2017.

제임스 클리어, 《아주 작은 습관의 힘》, 비즈니스북스, 2019.

조던 피터슨, 《12가지 인생의 법칙》, 메이븐, 2018.

조원재, 《방구석 미술관》, 블랙피쉬, 2018.

조지 레이코프, 《코끼리는 생각하지 마》, 와이즈베리, 2018.

짐 콜린스, 《좋은 기업을 넘어 위대한 기업으로》, 김영사, 2002.

차동엽, 《뿌리 깊은 희망》, 위즈앤비즈, 2009.

차동엽, 《무지개원리》, 국일미디어, 2012.

최소연·최민영·서은국, 「무엇이 우리를 강하게 만드는가? 자원 결핍이 성공 및 실패 경험에 따른 끈기에 미치는 영향」, 한국심리학회 학술대회 자료집, 2017.

칼 세이건, 《코스모스》, 사이언스북스, 2006.

캐럴 드웩, 《마인드셋》, 스몰빅라이프, 2017.

캐롤라인 애덤스 밀러, 《끝까지 해내는 기술》, 2018.

크리스티아네 취른트, 《사람이 읽어야 할 모든 것 책》, 들녘, 2010.

타라 스와트, 《부의 원천》, 알에이치코리아, 2019.

톨스토이, 《세 가지 질문》, 더클래식, 2019.

        《톨스토이의 어떻게 살 것인가》, 소울메이트, 2014.

팀 페릿, 《지금 하지 않으면 언제 하겠는가》, 토네이도, 2018.

파울로 코엘료, 《연금술사》, 문학동네, 2014.

프랭크 베트거, 《실패에서 성공으로》, 씨앗을뿌리는사람, 2005.

하지현, 《지금 독립하는 중입니다》, 창비, 2017.

한근태, 《몸이 먼저다》, 미래의 창, 2014.

허영순, 《회사에서 여자로 일한다는 것》, 넥서스BIZ, 2014.

헨리 데이빗 소로우, 《월든》, 은행나무, 2011.

혜민, 《완벽하지 않은 것들에 대한 사랑》, 수오서재, 2016.

황농문, 《몰입》, 알에이치코리아, 2007.

EBS 〈세상의 모든 법칙〉 제작팀, 《세상의 모든 법칙》, 서울문화사, 2018.

Schmitt, A., Gielnik, M. M., & Seibel, S. (2018). When and how does anger during goal pursuit relate to goal achievement? The roles of persistence and action planning. Motivation and Emotion, 43, 205 – 217.

**한 번이라도 모든 걸 걸어본 적 있는가**

**초판 1쇄 발행** 2020년 11월 30일
**초판 10쇄 발행** 2024년 8월 5일

**지은이** 전성민
**펴낸이** 정덕식, 김재현
**펴낸곳** (주)센시오

**출판등록** 2009년 10월 14일 제300-2009-126호
**주소** 서울특별시 마포구 성암로 189, 1707-1호
**전화** 02-734-0981
**팩스** 02-333-0081
**메일** sensio@sensiobook.com

**기획·편집** 이미순, 심보경

**외부편집** 정지은
**디자인** Design IF

**ISBN** 979-11-90356-88-6 03190

소중한 원고를 기다립니다. sensio@sensiobook.com